曼谷輕奢
小旅行

最新景點情報＋主題魅力玩樂食購
＋捷運沿線遊玩攻略，愜意慢旅泰好玩

King Power Mahanakhon
曼谷最高王權大京都大樓。

推薦序
FOREWORD

尼克Nick Su是極為知名的部落客及旅遊作家,寫過許多的旅遊書,深受讀者的喜愛!這次特別以不一樣的角度來編寫全新的曼谷旅遊書,希望帶給讀者驚艷泰國新篇章。

曼谷,結合傳統文化與現代化設計美學,一直來深受各國遊客喜愛,連續獲得美國權威性旅遊雜誌《TRAVEL+LEISURE》票選為世界最佳城市的殊榮。這裡的住宿、美食、購物、玩樂,不管重遊幾次,都還是會發現讓人驚喜的事物,深深著迷在天使之城中。

本書分為三大特點:

1、以泰國達人尼克的角度將最新的旅遊景點,時尚、玩樂等,像是泰國時尚設計、新的百貨商場、SPA、餐廳、飯店、空中酒吧等等,介紹給大家。

2、告知旅客如何搭乘BTS捷運、MRT地鐵輕鬆遊曼谷,並選出當中最知名的站點,詳細介紹周邊的景點。

3、除了曼谷之外,還增加了大城、芭達雅、安帕瓦、華欣,以及旅遊書首次介紹的安通、考艾、麗貝島等景點介紹,讓讀者在暢遊曼谷的同時還能了解周邊城市及島嶼的迷人景緻,以便安排下一次的泰國之旅。

Nick Su經常到曼谷旅行,因此,他對曼谷的吃喝玩樂與生活都瞭若指掌。現在,作為旅遊專家,他將通過分享自己獨到的解析,提供最新的資訊和體驗。只要擁有這本《曼谷輕奢小旅行》旅遊書,您就可以加入暢遊曼谷行列,並且也可以像尼克一樣成為泰國旅遊達人。

非常感謝Nick Su編寫這本《曼谷輕奢小旅行》旅遊書,相信讀者看完後應該都會得到豐富的泰國旅遊資訊,並且迫不及待的想到泰國去探索何謂旅行的意義。希望在不久的將來有機會迎接各位旅客,我們會以最熱誠的服務,讓您留下幸福美好回憶。

泰國觀光局台北辦事處

處長

作者簡介

泰國達人

尼克 Nick Su

擁有多年泰國旅遊經驗,為泰國觀光局力推之旅遊名人!作品散見於《Taiwan Tatler》、《Vogue Taiwan》、《Bella Taiwan》、曾出版《非常曼谷・泰美好再發現》、《潮X曼谷:達人帶路 非玩不可的內行人潮店路線大公開》、《曼谷完全指南13-14》三本書。

NickSuBkk NickSuBkk verybangkok BLOG

NickSuBkk@gmail.com

輝煌時刻!2010年尼克榮獲「對泰國有貢獻外國之友」,在泰國皇家田廣場,由泰國公主親手頒發榮耀徽章。

作者序

距離上一本書《非常曼谷‧泰美好再發現》出書至今已有10年了，由於該書完銷，反而讓尼克在著手寫這本新旅遊書時更加猶豫，不僅希望超越前作，更希望讀者可以跟我一樣，讓初接觸泰國的讀者和旅人愛上這個繽紛多彩的國家，而識途老馬對泰國熱門熱路的讀者可以發現不一樣的驚喜和新訊，這都是尼克從部落客轉型成為旅遊書作者和影音創作時，最大的動力。

世界變化太快，在上一本書和此書出版的10年間，我們經歷了數位網路如何改變人們獲取旅遊資訊、生活模式與思維，從文字、網頁、臉書、影像到短影音，尼克熱愛的泰國不斷的以各種形式、平台，散發其召喚並吸引全球旅人的魅力。Amazing Thailand，尼克相信凡去過泰國的人，都會被這個充滿東方情調卻又具有國際色彩的國家深深吸引。

連續幾年疫情，或曾重創泰國旅遊經濟，然而泰國卻像一支飽滿的稻穗在風中搖曳，柔軟又堅強地度過充滿挑戰的這幾年。在2022年泰國重啟國門，別來無恙，養精蓄銳後如孔雀開屏，再次以斑斕奪目的色彩吸引全球目光，成為全球旅遊解封後最嚮往造訪的第一個國家！尼克在泰國疫後開放旅遊後，迫不及待地在短短半年內先後去了泰國的曼谷、芭達雅、清邁、南邦、南奔、素可泰、大城、普吉島、攀牙、喀比等等地，除了一解思愁，更想親自踏遍泰國這個美麗的國家，說聲「美麗的泰國，你好嗎？」也是因近期這幾次泰國旅程，催促尼克的新書必須盡快與讀者見面！

感謝泰國觀光局台北辦事處與泰國當地友人的協助，特別是對於尼克在籌劃此書時，包括旅宿餐飲安排與景點分享，如果尼克的上一本《非常曼谷‧泰美好再發現》曾讓你感受到曼谷的時尚魅力，那這本《曼谷輕奢小旅行：最新景點情報+主題魅力玩樂食購+捷運沿線遊玩攻略，愜意慢旅泰好玩》將展現更多元面貌的泰國旅遊的新訊，希望不讓大家失望！

Nick Su

Content

Sukhumvit Line 蘇坤蔚線　BTS

Chapter 5
必買伴手禮

Chapter 4
曼谷出發
周邊小旅行

設施相關說明

---- **DATA** ----

🗺 設施所在位置地址　☎ 設施電話
🕐 營業時間／**IN** 入住時間；**OUT** 退房時間
💰 相關費用說明　🚇 建議交通方式
📋 額外備註說明

◆**QRcode使用說明**
開啟手機網路與條碼掃描APP，並對準書上之QRcode，即可查看景點或商家相關資訊與位置。

※本書所刊載的情報乃2023年8月之資料。部分內容可能有所變更，安排行程前請事先確認清楚。

The Peninsula Bangkok優雅曼谷
半島酒店柚木渡輪，緩緩駛過擁有兩
百多年歷史景點Wat Arun鄭王廟。

泰美好
再溫習

重啟旅遊・享受曼谷

NICK'S VERY BANGKOK LOVE THAILAND

Sawasdeekrub！泰國好久不見！上一次來泰國好像是很久很久以前，在飛機即將抵達天使之城的那一剎那，對於她的全新面貌是否有很多想像？天氣非常炎熱、購物很便宜、刺激的嘟嘟車、四面佛、便宜又道地的按摩、會讓人迷路的超大跳蚤市場、熱辣美味泰式料理、創意十足設計商品等等，其實都沒錯，但她的全新樣貌，還是必須靠你來親自發掘！

1 位在曼谷第一高樓「The Standard,Bangkok Mahanakhon」內的超人氣餐廳「Ojo Bangkok」。手拿一杯飲料，欣賞著曼谷獨有的魔幻日落美景，希望時間停留在這個動人的時刻。　　2 泰國嘟嘟車為遊客提供短程交通與文化體驗。　　3 體驗曼谷最為知名的各式SPA水療與按摩，讓身心靈都能完全放鬆，消除長久以來的身體疲憊與日常壓力，恢復元氣與補充百分百能量。

1 | 2
　| 3

三天兩夜曼谷私房行程

小資輕奢旅

DAY 1

10:00
抵達酒店暫放行李
前往「The Peninsula Bangkok」曼谷
半島酒店暫放行李。

11:00 購物與午餐

搭乘半島接駁船前往
「ICONSIAM」暹
羅天地購物中心，逛
街購物與午餐。

15:00
頂級水療消除疲勞
從「ICONSIAM」搭乘半
島接駁船返回酒店，體驗頂
級「The Peninsula Spa」
半島酒店頂級SPA療程。

18:00 享用正宗泰菜料理

在曼谷半島酒店被熱
帶花園圍繞、昭披耶
河畔的「Thiptara」
享用名廚泰菜晚餐，
甜點同樣美味不可錯
過。

回飯店休息

DAY 2

8:00
享用飯店早餐
迎著昭披耶河畔日
出，在「The River Café & Terrace」
享受豪華悠閒的早餐時光。

11:00
頂級商場逛街購物
前往曼谷的頂級商場
「Central Embassy」
盛泰領使商場購物與享用午餐。

15:00 最新科技水療
在商場內的「Dii」水療中
心，體驗「divana spa」最
為頂級的SPA芳療結合最新
科技的夢幻療程。

18:00
米其林晚餐
前往曼谷柏悅酒
店「Park Hyatt
Hotel」內的米
其林餐廳「The
Embassy Room」，品嘗少見的加泰羅
尼亞美食。

以下是尼克建議三天兩夜的私房行程，加入書中想去的地方，試著安排看看吧！如果是第一次到曼谷旅遊，可考慮選擇包含周末假日在內，規畫五天四夜行程，能更悠閒體驗到專屬周末曼谷的歡愉氛圍！

22:00 奢華高空酒吧

距離不遠的曼谷華爾道夫酒店「Waldorf Astoria Bangkok」內，位在56樓有著「The Loft & Champagne Bar」，在精緻的氛圍度過華麗的曼谷摩登夜晚。

○ 回飯店休息

DAY 3

6:00

日出瑜珈課程

參加「The Peninsula Bangkok」曼谷半島酒店，為住客精心安排的日出瑜珈（Sunrise Yoga）課程，開啟美好一日。

09:00 泰國第一間咖啡廳

前往擁有逾百年歷史的「Phya Thai Palace」帕亞泰宮殿，裡面據說是泰國第一間咖啡館的「Café Narasingh」享用美味咖啡。

12:00

必吃百年泰菜

傳承泰國百萬富翁「Nai Lert」奈特家族的食譜，優雅環境內享用「Ma Masion」經典泰式料理。

15:00 奢華水療

屢獲殊榮的「Sindhorn Wellness by Resense」，位在「Sindhorn Kempinski Hotel Bangkok」新通凱賓斯基酒店內，體驗奢華摩洛哥土耳其浴（Moroccan Hammam），務必提早預約。

18:00 米其林一星

獲得2023年泰國米其林唯一「最佳青年廚師」獎項的Chef Davide Garavaglia，是「Capella Bangkok」曼谷嘉佩樂酒店「Côte by Mauro Colagreco」餐廳靈魂人物，帶來創意十足的地中海料理。

○ 搭乘 🚕 計程車或 🚇 捷運前往 ✈ 機場準備返家

泰國達人尼克’S PLAN
三天兩夜曼谷私房行程

文 青 知 性 旅

DAY 1

10:00 抵達酒店暫放行李

前往「Centara Grand at CentralWorld」曼谷盛泰瀾中央世界酒店暫放行李。

12:00 購物與午餐

前往於酒店樓下、超大型購物中心「Central World」尚泰世界購物中心血拚與午餐。

15:00 熱門地標

離商場不遠的「Erawan Shrine」四面佛，是曼谷著名的精神地標。

16:00 體驗知名水療

泰國百年柚木古宅改造而成的知名水療中心「Divana Scentuara Spa」，享受精油按摩，消除疲勞。

19:00 泰國創意商場

前往「Siam Center」、「Siam Discovery」商場，發掘專屬泰國時尚品牌、文創商品。

22:00 絕美紅色天空

回到酒店內「Red Sky」紅色天空高空酒吧，度過迷人的夜晚。

回飯店休息

DAY 2

09:00 享用飯店豪華早餐

豪華多樣的「Centara Grand at CentralWorld」曼谷盛泰瀾中央世界酒店早餐，絕對不能錯過。

12:00 泰版蔦屋書店

創意十足的「OPEN HOUSE」感受全新閱讀體驗；「SIWILAI」讓人極為佩服的泰式創意。

15:00 道地伴手禮

前往「Eathai」，這裡有著許多別處沒有的泰國伴手禮，十分好逛。

以下是尼克建議三天兩夜的私房行程，加入書中想去的地方，試著安排看看吧！如果是第一次到曼谷旅遊，可考慮選擇包含周末假日在內，規畫五天四夜行程，能更悠閒體驗到專屬周末曼谷的歡愉氛圍！

18:00
一天環遊世界

以環遊世界為主題打造的「Terminal 21」購物中心，享受拍照、美食與購物的樂趣。在「Savoey」上味泰餐館，享用招牌料理美味咖哩螃蟹。

21:00
巧克力夢幻天堂

酒店內「COCOA X O」巧克力百匯，享用創意巧克力與曼谷少見的巧克力主題調酒。

○ 回飯店休息

DAY 3

10:00
精緻水療

體驗酒店內的「SPA Cenvaree」水療，還可免費使用按摩浴缸、蒸氣室設備。

13:00
美味泰國小吃

前往中國城，享用泰國米其林

必比登美食「Nai Ek Roll Noodle」陳億粿條。

14:00
百年咖啡館

中國城內老咖啡廳「益生甫記」，點上香蘭葉醬烤吐司與傳統泰式黑咖啡，百年不變美味。

16:00
夢幻絕美景色

曼谷熱門新景點「Wat Paknam」水門寺，與金色大佛以及翡翠琉璃寶塔合照，留下難忘回憶。

17:00
無遮蔽美麗夜景

前往可以俯瞰曼谷城市天際線的「Seen restaurant & bar」享用晚餐，還可欣賞不同面貌的曼谷迷人夜景。

○ 搭乘 🚕 計程車或 🚇 捷運
前往 ✈ 機場準備返家

泰國的歷史與文化傳統

Thailand History & Culture

泰國與其他國家完全不同，是個擁有獨特歷史、傳統與文化的國家。了解這些泰國情報，可以讓你的旅行更加順利、開心和充滿意義。泰國擁有豐富多元的文化和景觀，尼克期待你在泰國能度過一個難忘的旅程！

國家

泰國採用君主立憲制的政治形態，全名是「Kingdom of Thailand」。首都是位於中部的曼谷，英文名為Bangkok，泰文的正式名稱非常長，一般簡稱為Krung Thep，意思是天使之城。曼谷市的面積約為台北市的2倍以上，同時也是泰國最大的城市，其次是清邁，為泰國第二大城市。

泰國的國旗中間的藍色象徵泰王，兩旁的白色代表宗教，最外面的紅色則象徵人民。這是泰國國旗的意義。

面積

泰國位於中南半島，土地面積約為51萬3115平方公里，大約是台灣面積的14.2倍。泰國與鄰國緬甸、寮國、柬埔寨和馬來西亞相連。泰國的國土可以分為北部、東北部、中部和南部。

全國總人口總數接近7,000萬人，其中約有1,000萬人居住在首都曼谷。泰族約占75%、華人約占14%，其餘11%是其他民族。

宗教

主要宗教是佛教，約有95%的人信仰佛教，其次是3.8%的伊斯蘭教。還有一些人信仰基督教、印度教等其他宗教。在泰國，你會發現寺廟和佛像無處不在。

語言

泰語是泰國的標準語言，但由於泰國是一個主打觀光旅遊的國家，許多小販和商家在主要城市如曼谷、清邁、普吉島等都會說一些英文。雖然受到泰語發音的影響，有時候對方說的英文可能不太好懂，但通常可以透過比手畫腳來溝通。

文化

在泰國，每天上午8點和晚上6點都會播放泰國國歌。不論是在巴士站、火車站、國際機場還是戶外場所，你都會聽到國歌的播放。在泰國國歌播放期間，無論是遊客還是當地人，必須全體起立不動。在電影院和劇場表演開始前，通常也會播放國歌，觀眾也需要起立站著不動。這是對泰國的一種尊重，所以我們應該入境隨俗遵守。

每年泰曆（泰國佛曆）的12月15日，
是泰國最浪漫的節日——水燈節，也是
泰國版的情人節日子。

每年的12月31日，曼谷彷彿變成一個舉辦跨年倒數的超級大派對場所，無論是市區、河畔、高樓餐廳，都擠滿來自全世界的遊客，一起迎接新的一年。

　　泰國獨有一星期七種幸運色。泰國人相信，一個星期七天，每天都有專屬的顏色，在星期幾出生，就有專屬的幸運色。現今拉瑪十世—瑪哈·瓦吉拉隆功（H.M. King Maha Vajiralongkorn Phra Vajiraklaochaoyuhua），是在周一出生的，所以泰國人就把專屬星期一的黃色當作重要的幸運色！

一週七種幸運色

黃色	粉紅	綠色	橘色
MONDAY	TUESDAY	WEDNESDAY	THURSDAY

藍色	紫色	紅色
FRIDAY	SATURDAY	SUNDAY

節慶

　　在不同的季節、節日到曼谷旅遊，都能看到展現不同動人面貌的迷人曼谷。如果能夠掌握泰國重要的國定假日、特殊節慶的日期，都能讓你每一次的曼谷之旅更為開心與盡興！

體驗泰國獨有的新年潑水節魅力，與來自全世界的遊客一同慶祝泰國新年、遇水則發，潑出一年好運到！

泰國國定假日

Thailand Public Holidays

1月1日	元旦（New Year's Day）
3月6日	泰國萬佛節（Maka Bucha Day）※
4月6日	恰克里紀念日（Chakri Day）
4月13～15日	泰國新年宋干潑水節（Songkran Festival Day）
5月1日	勞動節（Labor Day）
5月4日	泰王登基紀念日（Coronation Day）
6月3日	王后誕辰日（H.M. Queen Suthida Bajrasudhabimalalakshana's Birthday and Wisakha Bucha Day）
7月28日	十世王誕辰日（H.M. King Maha Vajiralongkorn Phra Vajiraklaochaoyuhua's Birthday）
8月1日	泰國三寶節（Asarnha Bucha Day）※
8月12日	王后萬壽節／泰國母親節（H.M. The Queen's Birthday Anniversary）
10月13日	九世王逝世紀念日（H.M.King Bhumibol Adulyadej The Great Memorial Day）
10月23日	五世王紀念日（King Chulalongkorn Memorial Day）
12月5日	泰王萬壽節／父親節（H.M. King Bhumibol Adulyadej The Great's Birthday/ National Day / Father's Day）
12月10日	泰國行憲紀念日（Constitution Day）

※ 有此記號的節目，因為受到泰曆計算日期的影響，每一年在國曆上的日期都不同，建議出發前可到泰國觀光局的官方網站，查詢正確的國曆假期日期。

在華人專屬的農曆新年假期時拜訪泰國，也能感受到濃濃的新年氣息！

在聖誕節期間抵達曼谷，會發現這是一個聖誕氣氛極為濃厚的城市，特別的夏日聖誕節體驗。

Central world

ไทย ประกันชีวิต

HAPPINES

泰國行前資訊

Before Visit Thailand

如果是第一次造訪泰國，不妨先了解一下當地的氣候、幣值以及手機如何上網等相關資訊，方能讓前往泰國的旅程更加快樂！

氣候與服裝的建議

泰國的季節可以細分為三個季節：

夏季：3月～5月

一年之中最熱的季節，只要太陽一出來，室外的溫度會立刻升高，體感溫度有可能達到40度左右，走在街道上別忘了要注意防曬或是帶上帽子。室內冷氣房與室外的溫差極大，如果流汗要記得擦乾，以免受到熱感冒或是中暑。4月是一年之中最熱的月份，要適時補充水分。

雨季：6月～10月

泰國雨季的特色是悶熱的天氣以及午後雷陣雨，雖然每次只會下1～2個小時，不過下雨時與颱風天的感受極為類似，一旦下完就會停止。整個城市被大雨沖刷過後，好像也沒那麼熱了。出門建議隨身攜帶把雨傘或是穿拖鞋出門較方便。

乾季：11月～2月

這是到泰國旅遊的最佳季節，也是旅遊旺季，大量來自歐美的遊客，擠滿了這個城市，非常熱鬧。氣溫適中，稍微感覺不是那麼熱了，穿著輕便服裝即可。

手機如何上網

在泰國使用當地購買的手機易付卡是便利又便宜的選擇。機場等行李轉盤旁、出關之後，都可看到泰國三大電信業者dtac、AIS、TRUE電信櫃台，可以購買適合遊客的易付卡，7天上網吃到飽、內含฿100通話費，櫃檯人員也會幫忙安裝與設定，大約在฿300上下，非常方便！如果機場櫃台人太多不想等，市區便利商店、MBK、大型購物中心內電信公司分店，都有販售。

dtac　　　　AIS　　　　TRUE

最便利的Happy Tourist Sim手機易付卡，機場都有販售。

21

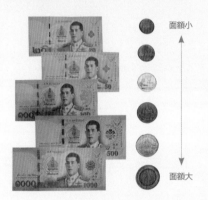

面額小

面額大

泰國使用的貨幣是泰銖Thai Baht（THB），一般會簡寫為฿。目前有紙鈔1000、500、100、50、20五種，硬幣則有฿10、฿5、฿2、฿1、S50（相當於฿0.5）、S25（相當於฿0.25），也就是฿1=S100。

貼心提醒Special Tips

---

1. 泰銖紙鈔฿1,000和฿100顏色類似，拿找錢時要特別注意。
2. 硬幣上寫S50與S25的硬幣是฿0.5以及฿0.25，不是฿50和฿25，到泰國旅遊的新手一定要注意。S50、S25硬幣一般是超市、美食廣場、藥妝店才會找給顧客的。
3. 曼谷街邊的匯兌亭：有些店家不接受新台幣，建議可到SuperRich兌換（曼谷有許多分店），或是在出發國家先換好部分泰銖。攜帶美金、歐元、港幣、新幣、馬幣、人民幣到曼谷兌換也可以。

入住酒店的注意事項

出國在外入住旅館或酒店時，可以注意一下這些貼心的小叮嚀！

- 進入客房前先敲門或按門鈴，心裡默唸：我是來這裡旅遊暫住幾天，打擾了。打開房門之後側身進入即可。
- 打開房門時，如果感到好像進入冰庫般的冷，不用客氣，馬上請櫃台幫忙更換房間！
- 進入客房之後，可先到廁所，蓋上馬桶蓋沖水。
- 睡覺時，廁所燈不用關、蓋上馬桶蓋、廁所的門也關起來。
- 睡覺時鞋子不可面對床的方向，建議可朝向房門方向、亂放或一正一反擺放。
- 床邊桌可以放個人保平安之物，如平安卡、經書或聖經。
- 客房抽屜內的聖經，建議不要翻閱或移動。

泰國禮儀禁忌小常識
Thailand Basic Information

時常微笑、人民友善的泰國，自古以來是以佛教立國、敬愛泰國王室的泰國人。因為和亞洲其他國家有著不同的習俗，如果是第一次到泰國，只要掌握以下與泰國人相關的小常識，就能開心度過在曼谷的美好時光。

1 不可以摸泰國小朋友的頭

在其他亞洲的國家，如果看到可愛的小朋友，可能會想摸對方的頭，但這一點在泰國是絕對禁止的。因為受到佛教的影響，泰國人普遍認為頭是全身最神聖的部位，如果摸別人的頭，代表著汙辱他人，連小孩也不例外，這部分一定要注意。

2 不可以亂丟垃圾、煙蒂，否則會被罰款

這是有法令禁止的，如果在街上亂丟飲料罐、垃圾和煙蒂等等，而被泰國警察發現，最高會被罰款฿2,000，尤其是遊客常去的觀光景點、帕蓬夜市等等，要小心。

3 泰國是禁煙的國家

從2002年開始，有提供空調的餐廳室內、辦公室是絕對禁煙；接著是從2006年開始，包含酒店的大廳、泰式按摩院也禁煙了；時至今日，絕大部分的公共場所都是禁煙，癮君子（煙民）要注意這一點。

4 泰國是需要給小費的國家

和亞洲其他國家不同，泰國是屬要給小費的國家！一般來說入住飯店時，幫忙提行李到房間的門房，給的小費約฿20即可；按摩約฿50〜100不等；參觀表演與表演者合照約฿100。以上這些不可給銅板，要給紙鈔，因為對泰國人來說，銅板是給路邊乞討者的。餐廳用餐一般將找剩的零錢（฿10以下）留給店家不拿；搭乘跳錶計程車時，如果車資有零頭時，比如跳錶顯示฿53或฿57，如果給司機฿60，部分司機有可能不會找零，如果不喜歡這樣，建議自行準備足夠的零錢也行。

5 泰式打招呼「WAI」

在泰國，初次與人見面、打招呼或是感謝，都會把雙手合十，頭、眼睛朝下向對方行禮，這就泰國獨有的打招呼方式「WAI」，遊客也可入境隨俗試看看喔！

6 泰國有禁酒日與不賣酒的時間

在泰國，買酒還有規定時間！只有在每日的11:00～14:00以及17:00～24:00才可以販售與購買酒類相關商品。但在選舉日、佛教重要節日、王后生日與泰王生日慶典當天，無論是便利商店、超級市場、餐廳和酒吧則是整日禁止供應販售酒類商品，對於外國遊客來說，還是要尊重泰國當地的文化與傳統。

7 尊敬國王與王室成員

在許多餐廳或是商店內，都可以看到泰王與王后的照片或畫像，這是因為泰國人極為敬愛國王，外國遊客絕對不可以不尊敬或是批評國王，曾有過汙辱王室的外國人被驅除出境的紀錄。現今的泰國國王為拉瑪十世——瑪哈‧瓦吉拉隆功（H.M. King Maha Vajiralongkorn Phra Vajiraklaochaoyuhua）。

8 建築物的樓層確認

泰國建築物內的樓層命名，分有英國式與一般認知界定。英國式的話，GF是指1樓、1F是指2樓；一般界定則是1F就是1樓、2F就是2樓，可以多利用樓層簡介或是導覽圖，確定是在那一樓層。

9 赴約需考慮曼谷塞車因素

曼谷塞車嚴重是出了名的，尤其是上下班時間、周五晚上與下雨的時候。如果與人有約或是前往餐廳用餐，別忘了把塞車的時間也考慮進去，或是多利用大眾交通工具BTS捷運、MRT地鐵前往是較為便利的交通方式。

10 泰國的物價

基本上泰國日常消費品價格算是便宜，泰國當地品牌礦泉水價格從฿10起跳；路邊烤肉串、烤魚丸一串約฿10起不等；平價的腳底按摩或泰式按摩1小時約฿250起。國際進口品牌的定價稍高，不過每年6月到8月的泰國驚喜大拍賣（Amazing Thailand Grand Sale）以及年底大折扣拍賣都是撿便宜的好時機，部分折扣會低到1折（90% OFF），有些還可退稅（VAT REFUND），千萬別錯過！

入出境與退稅說明
Arrived Bangkok & VAT Refund

前往泰國首都曼谷旅遊，根據不同的航空，會由「蘇凡納布國際機場 Suvarnabhumi Airport（BKK）」或「廊曼國際機場 Don Mueang International Airport（DMK）」入境與出境。出境之前，在兩個機場都可以辦理遊客退稅（VAT Refund）。

| 入境 |

① 抵達（Arrival）

根據航空公司的不同，抵達曼谷兩大空中玄關其中的一個機場！「蘇凡納布國際機場（Suvarnabhumi Airport）」代號BKK或是「廊曼國際機場（Don Mueang International Airport）」代號DMK，就可以前往護照查驗（Immigration）方向前進。現在機場內都有中文標示與會說中文的機場工作人員，不用擔心找不到方向。

② 護照查驗（Immigration）

如果是需要辦理泰國觀光簽證的國家，建議出發前在本國辦理就好；如果是可辦理落地簽證的國家也可以在機場內辦理，但務必要準備相關資料供泰國海關查核以免無法入境，壞了旅遊計畫。到外國人（Foreign Passport）的Passport Control專屬櫃檯前等待，脫下帽子與拿下墨鏡或眼鏡，提交護照與入出境卡，直視前方小鏡頭，同時電子機器掃描指紋、與拍下你的樣貌，如果沒問題，會交還給你護照與釘在護照內的出境卡，就可通過查驗櫃檯離開。

③ 提取行李（Baggage Claim）

接著到電子告示牌前，查看托運行李是在幾號轉盤，稍等片刻（約15分鐘起），

即可拿到自己的行李，就可以準備入境。

④ 關稅審查（Customs Declaration）

攜帶超過免稅額度的商品需要報稅，要走「紅色」（應申報櫃檯）課稅付稅金；沒有超過免稅範圍則不需申報，走「綠色」（免申報櫃檯）通道。依國際慣例海關會抽檢部分旅客行李，請務必配合抽檢，不用太過擔心。但如果攜帶超過免稅範圍內的商品，沒申報被查驗到，則有沒收的可能。依規定，入境泰國，每人身上須準備至少2萬泰銖，每個家庭為4萬泰銖。（等值貨幣即可，如美金、台幣等），海關有可能隨機抽查。

⑤ 抵達入境大廳（Arrival Lobby）

位於機場2樓的入境大廳，出口有兩個，一旁有便利商店、匯兌處、DTAC、AIS、TrueMove的電信中心可現場辦理購買可上網的泰國電話卡。

泰國入境限制規定

主要免稅範圍：攜帶泰銖入境泰國沒有金額限制，外幣相當於2萬美元。酒類一公升、香煙200根、雪茄、煙草一共500公克。
不可攜帶入境：毒品、武器、彈藥、刀械、爆裂、植物、水果、蔬菜以及情色刊物。

| **出境** | 蘇凡納布國際機場（BKK）／廊曼國際機場（DMK）

① 退稅辦公室（VAT Refund For Tourists）

抵達蘇凡納布國際機場4F／廊曼國際機場3F出境樓層，務必先帶著行李，前往退稅櫃台（VAT Refund For Tourists），出示全部黃色PP10表單、護照與行李，官員檢查後會在黃色PP10表單蓋章還給你。（沒有要退稅的人，則略過此步驟）

（左）蘇凡納布國際機場最右邊，位於U Row旁的退稅蓋章辦公室（VAT Refund For Tourists）（右）廊曼國際機場退稅蓋章（VAT Refund For Tourists）櫃台在Gate 7旁

② 辦理登機手續（Check-In）

前往航空公司櫃台報到，務必在飛機起飛前2～3小時抵達，可參閱機場看板確認櫃檯編號，出示護照、機票、出境卡（目前暫不用填寫），確認托運行李已上飛機。（行動電源不可托運）

③ 出境安檢
（International Departures．passport Control）

準備好護照、機票、出境卡（目前暫不用填寫），往出境審查方向前進。會先進行嚴格的安全檢查，會需脫鞋、拿下皮帶、有抽查隨身行李的可能，請務必配合海關安檢官方人員。之後前往出境護照查驗櫃檯，海關人員查驗完畢之後，蓋完章，代表出境手續完成，即可前往免稅商品區，

並注意電子告示牌顯示登機閘口號碼。

4 領取退稅費用
（VAT Refund For Tourists Office）

蘇凡納布國際機場退稅櫃台，D1-D4或D5-D8之間都有

廊曼國際機場的退稅櫃台，位於右側

　　前往退稅櫃台排隊，出示在剛剛已蓋過章的黃色PP10表單、護照與登機證，即可領取消費金額退稅由4%～6.1%不等之現金；務必本人辦理，一個櫃台只能辦理一個人的退稅手續。（PP10表單不會退還，如有需要可先拍照存檔）

5 登機（Boarding）

　　機場內不會廣播登機時間，逛免稅商店、在貴賓室休息或餐廳用餐，務必自行

注意登機閘口距離遠近與登機時間，以免錯過登機時間。

退稅需知

- 非泰國籍外國遊客，只要在有張貼 VAT Refund for Tourists的店家、購物中心消費，單一店家當日累積消費高於฿2,000（若刷卡消費需同一名下），即可請店家或到購物中心VAT Refund服務台，出示旅遊證件與發票正本，填寫黃色PP10退稅表單，必須在消費當日完成，逾期不候。

- 回國、出境前整理好全部黃色PP10單據正本，旅程退稅單據，消費總金額高於฿5,000才可在機場辦理退稅手續與拿回現金。

出入境卡填寫

　　疫情之後目前（2023年8月）入境泰國，是不需要填寫出入境卡。仍請注意政策和要求可能會隨時間變化，因此在計畫前往泰國旅行時，建議請查閱最新的入境和出境要求，以確保有最新的資訊並遵守相關規定。建議請查閱泰國駐外使館或領事館的網站，或向旅行社尋求協助以獲取最新的資訊。

曼谷兩大機場前往曼谷市區攻略

To the Bangkok City

從曼谷機場要如何到市區？曼谷有蘇凡納布Suvarnabhumi Airport（BKK）與廊曼Don Mueang International Airport（DMK）兩大國際機場，出發前與抵達時務必確認是哪個機場。

如何從機場前往曼谷市區

▶蘇凡納布國際機場Suvarnabhumi Airport（BKK）前往曼谷市區

1 機場快線（**Airport Rail Link**）（**ARL**）：前往機場B/F樓，自Suvarnabhumi（A1）站搭乘藍線（City Line）前往市區。每10至15分鐘一班，票價฿15至

฿45。Makkasan（A6）站連接MRT地鐵；Phayathai（A8）站連接BTS捷運。每日06:00至24:00運行，適合輕便行李旅客。

2 排班計程車／出租車／TAXI（**Public Taxi**）：如有兩人以上且行李較多，可選擇機場排班計程車。機場1樓有Public Taxi指示，使用抽號機器，多人多行李選「Taxi Van」。單上有車道與車號。乘車費：跳表金額＋฿50手續費＋高速公路費（約฿40至฿100）。乘車前務必確認使用跳表以避免糾紛，費用應少於฿600（如司機喊價可另叫車）。準

備฿100紙鈔，避免大鈔問題並先備好目的地泰／英地址。

3 事先預訂機場接送：目前KKDAY、Klook、旅行社都有相關服務也包含舉牌，可在出發前先預訂。

▶廊曼國際機場 Don Mueang International Airport（DMK）前往曼谷市區

1 機場快線（**SRT**）：第一航廈為國際機場、第二航廈為國內機場！雖然是新的機場快線SRT深紅線（Dark Red Line），但前往曼谷市區其實不太便利，會花上更多時間，體驗一次嘗鮮即可。

2 計程車／出租車（**TAXI**）：第一航廈8號Gate，計費方式與蘇凡納布國際機場相同，為跳錶外加排班費฿50與高速公路過路費，總金額不太會超過฿600。

3 進城巴士（**BUS**）：巴士站在第一航廈6號Gate，提供A1、A2（฿30）和A3、A4

（฿50）路線。適用自由行背包客適用，可上車再付費並能找零。A1、A2通MoChit BTS和Chatuchak Park MRT；A3經水門市場和SiLom MRT；A4往高山路和皇家田廣場。運行時間07:00至23:00。

4 事先預訂機場接送：目前KKDAY、Klook、旅行社都有相關服務也包含舉牌，可在出發前先預訂。

BTS捷運 & MRT地鐵─曼谷最便利大眾交通工具

自從BTS捷運與MRT地鐵這兩種大眾運輸工具出現在曼谷之後，大大減少遊客在旅途中的塞車時間，BTS捷運系統全部行駛在馬路的上方，而MRT地鐵在地下、地上都有行走，兩種交通系統的車票不通用，必須分開購買。

▶BTS 捷運

路線：曼谷的BTS捷運有三條主要路線：蘇坤蔚線（Sukhumvit Line）貫穿東南到北；席隆線（Silom Line）從市中心通往西南，交會站是暹羅站（Siam）；金線（Golden Line）可抵達Iconsiam暹羅天地。

票價：單程約฿25至฿62，磁卡式車票，自動售票機接受硬幣，少數可用紙鈔。一日券（One-Day Pass）價格฿150，在售票亭有售。建議購買實名制兔子卡（Rabbit Card），需護照註冊與加值，使用期限為5年，儲值金有效期為最後一次加值後2年，可於多數商家使用。

站名與方向：每站有英文站名和編號，請確認前往方向。車廂內外都有英文廣播，運營時間每日05:15至00:40。

▶MRT 地鐵

路線：曼谷MRT地鐵目前有藍線（Blue Line）與多為當地人使用的紫線（Purple Line）與最新的單軌鐵路形式黃線（Yellow Line）三條。目前MRT地鐵藍線與BTS捷鐵有五站交會，MRT洽圖洽公園站（BL13）、MRT帕宏攸亭站（BL14）、MRT蘇坤蔚站（BL22）、MRT席隆站（BL26）、MRT幫哇站（BL34），與BTS車票形式不同，必須分開購買。MRT黃線（Yellow Line）是單軌電車形式，與MRT藍線的叻拋站（BL15）、ARL蘇凡納布機場快線的華馬站（A4）、BTS捷運蘇坤蔚線的三榕站（E15）皆有交會。

票價：單程票價在฿17～฿43之間，是內藏IC晶片塑膠硬幣形式的車票。如果有機會常搭乘MRT，建議可購買儲值卡（Stored Value Card），分有成人卡（Adult Card）、學生卡（Student Card）以及當地人的敬老卡（Elder Card）。自動售票機有英文介面，操作不用擔心。

站名與方向：MRT每一站都有英文站名與對應編號，要注意搭乘的方向是否正確。運行時間為06:00～24:00。

搭乘BTS＆MRT的貼心小建議

- 車站與車廂內皆不可以吸菸與飲食。
- 上下班時段與雨天，車站人潮極為擁擠，要避開這一段時間。
- 收票站口開關速度極快，出入站口動作要迅速，被夾到會有點疼痛。
- 務必確認乘車方向是否正確，如果搭到反方向，只要趕緊下車，再前往對面月台搭乘即可，不用太過緊張。
- BTS站與MRT站內皆無洗手間，搭車前可到附近酒店或商場內使用。如有緊急情形，也可向車站工作人員求助，有員工廁所可以出借使用。

註：曼谷捷運與地鐵站一直在擴建，最新地圖資訊請上泰國
觀光局台北辦事處官網查詢www.tattpe.org.tw
BTS最新資料可參考官網www.bts.co.th
MRT最新資料可參考官網www.mrta.co.th

泰國觀光局
台北辦事處官網

BTS官網

MRT官網

計程車／TAXI

　　如果是兩人以上出遊，搭乘計程車是較為便利的選擇，費用也不會太高。有些司機可能無法用英文溝通，搭車之前務必注意以下尼克的貼心提醒！

　　關於搭乘計程車有幾個注意事項請特別留意：

1. 不要搭乘已在路邊等客、攬客的計程車，要隨機招攬路上行進中的計程車。
2. 如果司機沒按下計費錶，要請他按下或說「拆米特」或「掰米特」（Meter），中文發音同泰文的「跳錶」之意，如果司機拒絕，請立即要求馬上停車下車。
3. 女生不可一個人搭乘計程車，尤其是晚上，也不要在車上睡覺。
4. 對於計程車司機推薦的店家（餐廳、按摩店、珠寶店等），一定要斷然拒絕，堅持自己原本就要去的目的地。
5. 隨時準備好目的地泰文住址、電話，必要時可電話打過去，請對方與司機用泰文溝通，確保不會走錯地方或是迷路。
6. 如果攔不到車，可到附近酒店大廳櫃檯，協助招呼跳錶的計程車。
7. 相信自己的直覺第六感，上車之後如感覺不對勁或不舒服，請馬上要求下車。
8. 多利用手機APP如Grab、Bolt、MUVMI、CABB、inDriver、LINE Taxi叫車。
9. 曼谷因為單行道路多、或是塞車，搭車務必多抓等車與塞車時間。

曼谷分區介紹
Bangkok Insider

大皇宮周邊的寺廟與佛塔是泰國人的歷史與信仰象徵、世界頂級旅館與摩登的各式店家緊連在一起，米其林星級餐廳與街邊小吃攤也能讓人大飽口福，在開始走訪這個城市之前，先讓尼克帶你一同了解曼谷各區相對的地理位置吧！

大皇宮周邊（Around Grand Palace）

大皇宮周邊是曼谷最重要的觀光景點之一，包含大皇宮（Grand Palace）、玉佛寺（Wat Phra Kaeo）、臥佛寺（Wat Pho）與黎明寺（Wat Arun）是歷史、信仰與文化象徵的地區。

耀華力路／中國城（China Town）

仍然保留部分古早時期華人的建築、商店與寺廟、傳統金飾店、傳統市場與街邊小吃聚集的地方。

暹羅（Siam）

曼谷最重要的購物區，無論是高檔風格百貨或是街頭流行文化，都能在這裡找到，可以說是泰國曼谷時尚流行的發源指標，可以逛上一整天。

蘇坤蔚路周邊（Sukhumvit Road）

許多住在曼谷的外國人，都會選擇入住蘇坤蔚路附近的房子，因此造就本區國際旅館多、特色餐廳多、異國商店也多。不同路段會有不同的民族風格，極為豐富有趣。容易塞車的路段。

席隆路周邊（Silom Road）

白天是上班族聚集的商業區，一到晚上就會搖身變為夜生活的大本營，處處閃耀著霓虹燈光，好不熱鬧。擁有兩個面貌的席隆路周邊，是觀光客最愛造訪的人氣區域。

「Ojo Bangkok」曼谷
最劳墨西哥餐廳

曼谷
全新魅力

華麗變身・耀眼登場

Amazing New Bangkok

在全世界彷彿暫停轉動的這幾年，曼谷卻不曾停下她的腳步！
無論是百年傳奇寺廟、國際五星酒店、高樓美景米其林餐廳、
經典水療中心或是英國作家最愛傳奇百年下午茶，至今仍屹立
不搖，傳頌美好故事。現在正是造訪曼谷的最棒時刻，快跟著
尼克的腳步，一起探訪曼谷的嶄新迷人魅力。

令人嘆為觀止 神祕翡翠琉璃寶塔
Wat Paknam

DATA

- Soi Pak Nam, Thoet Thai Road , Bangkok
- ☎ 02-467-0811
- 🕐 08:00～18:00
- 免費參觀，服裝規定不可太過暴露

MAP

建於西元1610年，泰國大城時期的「Wat Paknam」水門寺，2021年6月19日完成建造了曼谷最大的佛像，從此成為曼谷極為熱門的寺廟之一。這尊佛像名為「Phra Buddha Dhammakaya Thepmongkhon」高69公尺、寬40公尺，由純青銅打造而成，佛像中央有一顆重達6公斤的黃金心，氣勢十足。

大佛像後的純白色佛塔，高80公尺、12邊形，一共有5層樓。脫下鞋子搭乘電梯前往第5層樓，映入眼簾的是滿是佛畫的天花板，俯瞰著翡翠琉璃寶塔，這幅由綠到藍漸變的美麗畫作，彷彿在發光，拍照時更顯神祕。祈禱後，可以花點時間在這裡仔細欣賞，讓人感動。

1約20層樓高的巨大佛像。　2寺廟後邊有個小市集，逛逛也很有趣。　3這裡非常受到日本遊客的喜愛，還有日文的廟名。

水門寺內令人嘆為觀止的
美麗天花板

豪華版蔦屋書店

Open House

由設計日本代官山鳥屋書店的「Klein Dytham Architecture」建築事務所打造、位在曼谷頂級百貨「Central Embassy」6樓的Open House，帶來最新的閱讀體驗！這裡有一間設計現代的泰國書店「Open House bookshop by HARDCOVER」，一旁還有咖啡館和餐廳。在這裡可以邊喝咖啡享用蛋糕、邊看現場購買的書籍。還有小朋友最愛的「Open Playground」遊戲區。「Co-Thinking Space」讓你可以在這裡辦公與視訊會議，Open House的設計概念為多用途，把一般生活方式與特定需求自然融合在一起。

1 **2** 非一般的日常空間，十分迷人。
3 全世界唯一的KAWS BFF公仔，別忘來要來合照一張。

DATA

🏢 6/F,1031 Phloen Chit Rd, Bangkok
☎ 02-119-7777
🕐 10:00～22:00

MAP

摩登時尚生活選品店

SIWILAI

占地面積極大的「SIWILAI」，是由Mr. Barom Bhicharnchitr先生所發想、引領泰國潮流的「摩登時尚生活選品店」。這裡集合了咖啡廳、潮流服飾、配件、書店、文具店、美容專櫃於一身的綜合選品店，一次引進來自全世界超過50個獨立時尚品牌，包含許多泰國甚至其他國家少見的限量商品，或是只和「SIWILAI」聯名獨賣的珍貴跨界商品，每一季都會有新的品牌進駐非常精彩，是潮流人士的必來聖地！

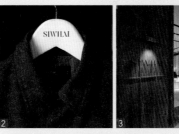

1 許多限量的鞋款，一定要來挖寶。　　**2** 只在「SIWILAI」販售的國際精品。　　**3** 極為氣派的SIWILAI挑高大門。

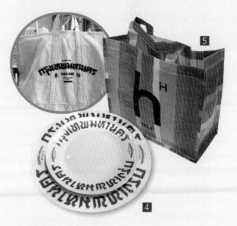

4 超有型「The Only Market Bangkok」限量商品，每一樣都想帶回家。　　**5** 泰式風格十足，好看的環保購物袋。

--- *DATA* ---

🏠 5/F,1031 Phloen Chit Rd, Bangkok
☎ 02-160-5829
🕙 10:00～22:00

MAP

曼谷新地標

曼谷驕傲，超豪華暹羅天地

ICONSIAM

1 時尚品牌同名餐廳Greyhound Café。 **2** 知名%咖啡廳，科技感十足。 **3** 泰國藝術家打造的黃金屋頂。

　　從BTS Saphan Taksin站搭乘「暹羅天地ICONSIAM」提供的接駁船前往位在昭披耶河畔的「暹羅天地ICONSIAM」，是最便捷的選擇！這個超豪華的頂級商場，還沒到達這裡，遠遠就可看到極為氣派的外觀，在夜晚閃閃發亮十分美麗。外頭的「The ICONIC」是一個長達400公尺的河畔聲光水影表演舞台，每天18:30、20:00都會有水舞表演，高達35公尺的水柱搭配2D、3D影像讓人驚喜不已。

　　這裡的室內空間是由眾多泰國本地和國際藝術家攜手合作，共同將泰國各種元素展現在獨特的藝術品中，呈現在雕塑、繪畫、雕刻等各種藝術品，以及靈感來自花環和用香蕉葉折疊成的大圓盤製作的枝形吊燈。除了匯集國際精品的「ICONLUXE」、日本高島屋（SIAM TAKASHIMAYA）之外，「ICONCRAFT」帶來少見的泰式藝術，收集來自泰國各地工匠最好的工藝品，用本土智慧另一個視角展現尊重與自豪感，無論是時尚手提包、漂亮珠寶，或是高山部落手工製作的家飾家具、手工編織布料，同樣迷人。

DATA

🏢 299 Charoen Nakhon 5 Alley, Bangkok
☎ 02-495-7000
🕐 10:00～22:00

MAP　　　　官網

懷舊泰式超大市集還有室內水上市場

SOOKSIAM

自「暹羅天地ICONSIAM」搭電扶梯往下，一映入眼簾的竟然是一座超大的泰國室內水上市場，四周販售各種美味的泰國小吃，這就是超浮誇的「幸福暹羅SOOKSIAM」，讓人大開眼界！這裡呈現了泰國77個府最具特色的藝術、文化、民俗、美食，以及傳統生活方式，匯聚了泰國所有地域的文化遺產，各式美食、藝術作品、手工藝品、按摩SPA、街頭表演等等，非常好逛！如果是在泰國新年潑水節、水燈節不同的時節來到這裡，都可以看到完全不同的主題，讓人佩服「幸福暹羅SOOKSIAM」的無限創意！

1 把水上市場搬到室內，真的好厲害。　2 3 泰國街邊小吃，這裡都吃得到。　4 泰北清邁「雙龍寺」概念電扶梯。

曼谷最新超華麗高空餐廳

Ojo

　　曼谷最新摩登登酒店「The Standard Bangkok Mahanakhon」內，位在76樓的熱門高空餐廳「Ojo（發音：歐厚）」！主廚是來自墨西哥、也是當地烹飪界新一代人物中佼佼者——明星主廚Francisco Paco Ruano。Chef Paco結合了傳統以及現代墨西哥料理的烹飪手法，使用泰國當地以及進口香料食材，以全新概念創作出令人驚喜的新派墨西哥美食饗宴。

　　電梯直達76樓，門一打開那一剎那，相信絕對會被閃閃發亮金色寶石牆面所吸引目光！一踏進餐廳更讓人驚艷，由泰裔設計師Ou Baholyodhin操刀，餐廳從裡到外都是以粉紅色、金屬色所打造而成的閃閃發亮華麗世界。無論是午餐時間前來或是夜晚時分，都能看到不同樣貌的曼谷高空景致。Chef Paco要讓人打破對於墨西哥菜的刻板印象，這裡的料理不僅擺盤美麗同時也非常美味。尼克首推必點冷前菜「OJO GUACAMOLE」，是以鮭魚卵、蟹肉、蔬菜，加上泰國蝦油提味，上桌之後先拌匀，然後包在酥脆的墨西哥玉米餅裡一同入口，十分清爽；主餐「PESCADO ZARANDEADO」則是將整條魚撒上香蔥、辣椒、香菜醃烤入味，取一點魚肉、擠上新鮮檸檬、拌上紅洋蔥、小黃瓜、酪梨、特調三式醬料等等，包入軟熱玉米餅皮內享用，真的非常好吃。最後閃耀著金粉光芒的招牌甜點「ARROZ CON LECHE」有著迷人的香草巧克力風味，是Chef Paco推薦尼克一定要享用、做為圓滿的結尾。

適合多人一同享用、整條魚撒上香蔥醃烤入味的「PESCADO ZARANDEADO」。

DATA

🏢 76/F,The Standard, Bangkok Mahanakhon 酒店

☎ 02-085-8888

🕐 11:30～14:30午餐；17:30～23:30晚餐

💰 ฿2,500起（需外加10%服務費與7%政府稅）

🍽 晚餐時間有低消一人฿1,500

MAP　　官網

❶賞心悅目的美味新派墨西哥料理，建議多人一起享用。　❷Ojo餐廳靈魂人物，明星主廚Chef Francisco Paco Ruano。

全球知名中餐廳 曼谷首店

MOTT 32 卅二公館

繼香港、拉斯維加斯、溫哥華、新加坡之後，這個極富設計感的高級用餐空間「MOTT32卅二公館」正式登陸在曼谷瑪哈納功標準酒店，憑藉供應美味的當代中式料理與獨具巧思的調酒而獲獎無數。

餐廳名為「MOTT 32」是向位在紐約市Mott街32號致敬，那裡有著紐約第一間中式便利店（在1851年開業），在紐約這個全球最具有活力的城市裡，這家商店仍在華人街裡扮演著重要的角色。主廚Chef Lee Man Sing運用全球各地最新的烹飪技藝，融合創新，完美呈現代代相傳、久享盛名的食譜。

招牌菜包括需提前預訂的蘋果木燒北京片皮鴨（Apple Wood Roasted 42 Days Peking Duck）、每日限量供應蜜汁頂級西班牙黑毛豬叉燒（Barbecue Pluma Iberico Pork, Yellow Mountain Honey）、豚肉松露鵪鶉蛋燒賣。受到華人文化與亞洲風味啟發，「MOTT 32」還有獨創五香料調酒搭配美食，這是現代與傳統結合，非常獨特。

DATA

🏠 2/F,The Standard, Bangkok Mahanakhon酒店　☎ 02-085-8888
🕐 11:30～14:30午餐；17:30～22:30晚餐
💰 ฿1,000起（需外加10%服務費與7%政府稅）
📋 用餐務必提前預訂，經常客滿；有線蔭的戶外座位

MAP

官網

1 招牌「蘋果木燒北京片皮鴨」每日限量供應฿1,980起。　**2** 泰國獨家「海鮮酸辣小籠包」4件฿180起。　**3** 視覺與味覺的震撼「布吉龍蝦配麻婆豆腐（Signature Phuket Lobster "Ma Po Tofu"）」฿2,680起。　**4** 讓人驚喜的「Hong Kong Iced Tea」，是以龍舌蘭酒為基底的招牌調酒฿280起。

綠意環繞的室外用餐空間。

知名米其林義大利餐廳

La Scala

DATA

- 13/3 S Sathon Rd, Khwaeng Thung Maha Mek, Sathon, Bangkok
- ☎ 02-344-8888
- ⏱ 12:00～15:00午餐；18:30～23:30晚餐（週日、周一休息）
- ฿1,450 起（需外加10%服務費與7%政府稅）
- 午間三道式午餐極為超值，一次品嘗主廚招牌料理฿1,450 起

MAP

官網

打開La Scala
美味的大門。

義大利籍主廚Chef Eugenio Cannoni。

位於曼谷素可泰酒店內，以米蘭傳奇歌劇院的名字命名「La Scala」義大利餐廳，歷年來邀請到許多國際名廚客座聲名大噪！擁有義大利大理石比薩烤爐、開放式廚房、美麗藍色泳池畔的戶外座位，讓在此用餐的心情更為愉悅！

由義大利籍主廚Chef Eugenio Cannoni掌杓的「La Scala」，八成以上的原料都自義大利進口，無論是義大利麵、比薩、自製麵包或是甜點都在水準之上。每季推出不同口味的新菜單無論是RAVIOLI、RISOTTO、SPAGHETTO，魚類、牛肉料理，都讓用餐成為一種驚喜。「La Scala」還有令人讚嘆的酒窖，侍酒師推薦優質的歐洲紅白酒與美食精心搭配，淋漓盡致地展現義大利美食的精髓。

1 收尾的巧克力創意甜點，非常美味。2 3 主廚極為擅長的義大利麵食、海鮮料理。 4 花生造型的經典前菜，讓人驚喜。

極為沉靜的用餐空間。　　　　　　　　多人聚餐專屬包廂。

曼谷最新話題 遊艇俱樂部餐酒館

Siam Yacht Club

毫不誇張地說「Royal Orchid Sheraton Hotel & Towers」皇家蘭花喜來登酒店，擁有曼谷最美的河岸景色！從2020年開始翻新位於河岸的這個部分，成為了全新的「暹羅遊艇俱樂部（Siam Yacht Club）」，這個摩登的遊艇俱樂部餐酒館終於在2023年正式登場！

作為五星級酒店主廚活躍多年的Chef Nu（Natchayapong Homsombutchot），將泰國香草和香料的精髓加入到歐式美食中，烹製出一道道可以用五種感官享受的精緻菜餚。在這裡用餐、享用飲料可以欣賞到曼谷最美的河岸燈光、最古老的石龍軍路（Charoen Krung Road）也近在咫尺，真實體驗到這就是「現在的曼谷」美麗時光！

DATA

🏠 2 Charoen Krung 30, Bang Rak, Bangkok
☎ 02-266-0123　🕐 17:00～01:00
💰 ฿1,000起（需外加10%服務費與7%政府稅）

MAP

官網

1 招牌「豪華龍蝦海鮮塔（SYC Seafood Tower）」฿2,698起。　**2** 夢幻漸層色調酒「Catamaran」฿398起。　**3** 經典調酒「一帆風順Smooth Sailing」฿398起。　**4** 美味煙燻生蠔，฿558起。

名廚掌杓美味泰國料理

PHRA NAKHON

PHRA NAKHON泰式料理餐廳，位在曼谷嘉佩樂酒店（Capella Bangkok）內。餐廳被大片花園綠意環繞，室內空間設計成一座陽光普照的溫室，戶外則是緊鄰昭披耶河畔，可以在微風吹拂下享用正式的泰國美食。

這裡的每一道料理都是主廚對於世代相傳的鄉村家傳食譜致敬之作，展現泰國不同省份的經典料理。向泰國當地農民和漁民直接採購食材，表達對於當地生產者的尊敬，同時讓顧客也能夠享用到當令的美味料理！吃得到新鮮香草的烤清邁豬肉香腸「SAI UA」、泰南口味花蟹黃咖哩「SEN MEE GAENG PU」，可拌入米線蔬菜一同品嘗、招牌「TOM YUM GOONG NAM SAO KAO」使用泰國茉莉香米湯為基底，吃得到大河蝦的經典酸辣蝦湯等等，都是必點的招牌料理。

DATA

🏠 300, 2 Charoen Krung Rd, Yan Nawa, Sathon, Bangkok　☎ 02-098-3817
🕐 11:00～23:00
💰 ฿1,000起（需外加10%服務費與7％政府稅）

 MAP　 官網

使用酒店種植的
有機香草入饌

1 非常美味的「SEN MEE GAENG PU」泰南口味花蟹黃咖哩。　**2** 來自泰國南部的招牌料理「PAD PAK LIANG SAI KAI」，普吉紅蝦米藤菜炒蛋。　**3** 主廚現場烹飪料理，讓用餐氛圍更加精采。　**4** 天氣好時，在戶外用餐別有一番風味。

熱帶花園裡的優雅河畔泰菜餐廳

Thiptara

位於曼谷半島酒店內的Thiptara泰式餐廳，泰文之意是「天上之水」，非常適合這個擁有露天涼亭以及被泰國古典藝術品所包圍的優雅環境。

進入餐廳就可以看到四周環繞著雄偉的榕樹、上方還裝飾著來自清邁的燈飾，泰式風格十足。郁鬱蔥蔥的熱帶花園，帶來獨特的河畔優雅用餐體驗，十分受到歐美遊客的喜愛。

餐廳供應來自泰國不同地方的傳統菜餚，若想要一次品嘗多道招牌料理，可以選擇套餐Thiptara Set Menu，從泰式前菜（MIANG KHAM）、泰式柚子蝦沙拉（YAM SOM-O GOONG）、湯品、牛肉咖哩、甜點等等，每道都非常美味。如果人多想要品嘗多樣料理，也可單點菜餚像

是泰式紅咖哩烤鴨（GAENG PHED PED YANG）、辣味糖醋炸鱈魚（PLA HIMA SAM ROD），都是非常受到歡迎的選擇。如果是選擇泰式青木瓜沙拉這道料理的話，主廚還會準備好食材，在桌邊現場料理，讓美麗的用餐時刻更加難忘。

DATA

📍 333 Charoen Nakhon Rd, Khlong Ton Sai, Khlong San, Bangkok

☎ 02-020-6969　🕐 17:00～22:30

💰 ฿1,000起（需外加10%服務費與7％政府稅）

MAP　　官網

昭披耶河畔第一排的座位,可以近距離
欣賞到夜晚美麗的河岸燈火

米其林一星餐廳

Côte by Mauro Colagreco

曼谷嘉佩樂酒店（Capella Bangkok）內米其林一星餐廳「Côte by Mauro Colagreco」，是由米其林星級名廚Mauro Colagreco的得意門生、義大利籍Davide Garavaglia掌勺，同時他也是獲得2023年泰國米其林頒發的唯一「米其林最佳青年廚師（MICHELIN Thailand Young Chef Award）」得主。

Côte by Mauro Colagreco餐廳主打地中海料理融入部分泰國元素，因為無菜單，所以每次來用餐，都可品嚐到對於美食有著豐富的知識主廚的無限創意，是讓人充滿驚喜與期待的美食饗宴。餐廳的裝潢以大地色系為主，襯托出優美河景和精緻美味的佳餚。像花朵一般綻放的美味佐餐麵包是主廚的家傳食譜；每日新鮮烘焙，搭配來自南法Monton的頂級黃檸檬初榨橄欖油，是固定不變，每次來這用餐都可享用到的美味。此外，琴酒推車和豐富多樣的葡萄酒選擇同樣令人印象深刻。

DATA

🏠 2/F,300, 2 Charoen Krung Rd, Yan Nawa, Sathon, Bangkok ☎ 02-098-3888

🕐 週三～週日、午餐12:00～14:00、晚餐18:00～22:00

💰 ฿1,800起（需外加10%服務費與7%政府稅）

MAP　　官網

1 餐廳內也有專屬的沙發區座位。　2 面對無敵的昭披耶河美景，在此度過難忘的用餐時刻。　3 義大利籍主廚Davide Garavaglia。

4 賞心悅目的米其林餐點。　5 美味的佐餐麵包是主廚的家傳食譜。　6 童心十足的創意甜點，你猜的出來哪個是可以吃的甜點？哪個是肉桂棒？　7 Davide Garavaglia的料理總是讓人驚喜不已。

曼谷超知名中餐廳

湄江

MEI JIANG

　　經歷過疫情的考驗，在曼谷華人中最的知名中餐廳「湄江（Mei Jiang）」，終於再次於曼谷半島酒店內與大家見面，在優美的昭披耶河畔、熱帶花園圍繞之下優雅的環境中，獻上最美味的經典中式料理。

　　除了招牌港式烤乳豬、北京烤鴨、紅燒香菇花膠羹和陰陽炒飯（以干貝、蟹肉、黑松露入饌）之外，全新的港點像是帝王蟹春捲、黑蒜燒賣、香煎和牛肉包等等，同樣誘人且極具創意。

　　如果是注重健康和生態議題的客人，也可以選擇全新的素食套餐（Plant-based dishes），以天然來源和泰國當地生產的食材為原料所創作的全新植物佳餚。無論是單點或是特別九道式的植物性套餐，包括馬鈴薯皮北京烤鴨，由小麥麵筋製成的叉燒，還可選擇草本茶飲或是促進健康的飲料佐餐，這些都是行政主廚Tang Ying Ip所帶來的全新概念，讓「湄江（Mei Jiang）」更加與眾不同。

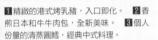

1 精緻的港式烤乳豬，入口即化。　**2** 香煎日本和牛牛肉包，全新美味。　**3** 個人份量的清蒸圓鱈，經典中式料理。

DATA

🏠 333 Charoen Nakhon Rd, Khlong Ton Sai, Khlong San, Bangkok

☎ 02-020-6969

🕐 11:30～14:30午餐；
18:30～10:30晚餐

💰 ฿1,500起（需外加10%服務費與7%政府稅）

📖 如果有機會在中秋節期間來到湄江用餐，絕對不能錯過最經典的半島奶黃月餅，是由湄江主廚手工製作而成，極為珍貴

MAP　　官網

LADY GAGA也吃過 曼谷泰菜名店

celadon

只要是常去曼谷的朋友，一定聽過曼谷素可泰酒店內鼎鼎大名的「青瓷（celadon）」泰菜餐廳。被蓮花池圍繞的celadon，包含室內以及室外的用餐空間，如果是中午來這用餐，可以看到四周蓮花綻放的姿態；晚餐的時刻來此，室內就會點上蠟燭，透過搖曳的燭光，欣賞外邊灑上光芒的蓮花池不同風情，這是其他泰菜餐廳所沒有的迷人氛圍。

這裡提供了泰國不同地方的特色泰式料理，可以選擇的餐點種類極多，除了可以單點之外，這裡也有主廚精選的專屬套餐，可以享用到celadon的招牌料理，從泰式前菜、沙拉、湯品、主菜、泰國雙色香米飯或是泰式炒河粉、甜點到飲料，一口氣品嘗到泰式料理的精隨；如果是吃素的朋友，該餐廳還有少見的專屬泰式風味素食套餐。更為貼心的是，因為celadon擔心客人對於泰國名稱的餐點名字會不太了解，還有提供i-pad展示圖案的點餐服務，可以直接選擇想要吃的菜色，讓用餐體驗更為完美。

DATA

📍 13/3 S Sathon Rd, Khwaeng Thung Maha Mek, Sathon, Bangkok　☎ 02-344-8888
🕐 12:00～15:00午餐；18:30～23:00 晚餐
💰 ฿1,500起（需外加10%服務費與7%政府稅）
🍴 有提供主廚推薦餐單，需提前預訂

MAP

官網

夜晚中被蓮花池包圍的celadon餐廳

Jialu Zhao
旅居泰國十多年的
吃喝小行家
IG:mynameisjialu

達人推薦

連天后Lady Gaga來曼谷開演唱會時，都特地外帶celadon的餐點享用。如果想在曼谷旅行中好好犒賞自己，這裡絕對不會讓你失望！

星級名廚Chef Ian Kittichai，
廚藝深受國際認可。

亞洲最佳泰菜餐廳之一

Issaya Siamese Club

泰文古語雨季的發音是「Issaya」，這棟被許多花朵、植物包圍，配色鮮明大膽、歷史悠久的法式殖民風格白色建築，正是「Issaya Siamese Club」餐廳。除了室內用餐空間之外，如果天氣不太熱，到戶外座位享用佳餚也別有一番味道。

由泰國料理鐵人、星級名主廚Chef Ian Kittichai所創作的泰菜料理，是使用泰國當地的食材與香料，以現代解構的烹飪手法、觀念來製作每道佳餚，帶來視覺、味覺、嗅覺的新饗宴。同時Chef Ian Kittichai也是推廣從產地直接到餐桌（Farm-to-Table）的先驅，使用當季最符合時令的各式食材、香料，加上對於烹飪的喜愛與信念，使得餐廳深受曼谷人與國內外遊客的喜愛。餐點價位合理，所以即使平常日，也經常一位難求，總是客滿！推薦Chef Ian Kittichai Tasting Menu，可以一次享用到主廚的經典菜色。

DATA

🏠 4 Soi Sri Aksorn,Bangkok
☎ 02-672-9040
🕐 11:30～14:30午餐；17:00～22:30晚餐
💰 ฿1,500起（需外加10%服務費與7%政府稅）

MAP　　官網

知名主廚全新米其林一星法式料理餐廳

Maison Dunand

在成功擔任曼谷文華東方酒店內，最經典法式高級餐廳諾曼地之後，摘星主廚Arnaud Dunand Sauthier的最新計畫，就是開設自己的個人品牌餐廳「Maison Dunand」，讓自己天馬行空的料理創意美味實現！

在「Maison Dunand」，主廚Chef Arnaud Dunand Sauthier打造出他成長的地方，也是他料理的原點——法國薩瓦地區的阿爾卑斯山木屋設計風格的家，整個複製到餐廳內。菜單的靈感來自阿爾卑斯山、主廚童年的布列塔尼之旅以及他極為榮耀的過往主廚歷史，要讓所有來到「Maison Dunand」的顧客，都能享用到他在法式料理的驚人創意，同時「Maison Dunand」也獲得2023年泰國米其林指南的一顆星殊榮，實至名歸。

DATA

🏠 55 Soi Sueksa Witthaya, Bangkok
☎ 065-639-0515　🕐 17:30～21:00
💰 ฿2,600起（需外加10%服務費與7%政府稅）
📅 周末12:00～14:30供應午餐，務必預約

MAP

官網

全新北歐手法 新派泰國料理

Front Room

　　從小出生在泰國北部的清萊，「Front Room」泰菜餐廳的主廚Chef Rungthiwa "Fae"，從小的時候就非常喜愛待在家裡的大片菜園以及廚房，幫忙家裡照顧農作、香料，也會協助母親烹飪料理，從小就極為熟悉泰國當地的食材與香料。

　　有著在丹麥廚藝相關領域長達12年的經驗，主廚Chef Fae把她對於食物的靈感與熱情，以全新的西方料理手法融入傳統泰國料理，結合東西方兩邊的長處。「Front Room」泰菜餐廳位於華爾道夫酒店內，提供饕客們極為正宗的泰國家常美食，使用泰國當地的食材、香料，結合北歐的烹飪手法例如醃製、發酵以及煙燻，創造出極為複雜的風味，以酸、甜、堅果香、鹹、辣、苦，收斂和溫和，八種泰式風味為特色，帶來一種讓人極為熟悉卻又從未品嘗過的迷人泰國料理。

多種可口的「Petit Fours」
讓人驚艷 ฿320起。

DATA

🏠 151 Ratchadamri Rd, Lumphini, Pathum Wan, Bangkok

☎ 02-344-8650　🕐 11:30～21:30

💰 ฿2,700 起（需外加10%服務費與7%政府稅）

👔 有dress code-Smart Casual

MAP　　官網

高空無敵美景西班牙料理餐廳

UNO MAS

主打異國風情西班牙經典料理與Tapas的「UNO MAS」餐廳,擁有歡樂的用餐氛圍以及位於中央世界商場54樓極高樓美景,來到這裡用餐都會讓人感到十分開心!

主廚堅持選用西班牙進口的絕大部分的食材與香料,為顧客帶來純正的西班牙道地料理。這裡的起司拼盤、西班牙伊比利亞火腿、什錦海鮮拼盤和西班

牙海鮮飯都非常好吃;多樣海鮮、羊肉、和牛、蔬菜或是扇貝配牛奶和羊肚菌等的料理同樣精彩。適合多人享用,一半是龍蝦燉飯、一半是海鮮燉飯的「Half & Half Paella」,是主廚推薦必點菜色。建議可以選擇靠窗的座位欣賞日落,讓餐點美味更加分。

DATA

🏠 999/99 Rama I Rd, Pathum Wan, Bangkok
☎ 02-100-6255
🕐 12:00～23:00(最後點餐時間為22:15)
💰 ฿1,590起(需外加10%服務費與7%政府稅)
🍴 傍晚時段前來用餐,可以看到夕陽西下美景

MAP   官網

1 不定期推出豪華海
鮮周日早午餐,可上
官網查詢。 2 美味
的西班牙伊比利亞火
腿。 3 4 可以選擇
靠窗的座位,欣賞迷
人日落。 5 餐廳入
口處、吧台後方有著
美麗的酒窖。

曼谷首間加泰羅尼亞料理餐廳

Embassy Room

星級主廚Chef Ferran Tadeo。

超現實藝術大師達利、雕塑家米羅、高第都是來自加泰羅尼亞！在曼谷柏悅酒店的「Embassy Room」，盡情享受高級用餐體驗，選用來自西班牙最有活力的城市巴塞隆那所在地、加泰羅尼亞最好的時令食材烹製的道道美食，佐上曼谷最為豐富的西班牙葡萄酒，難怪讓這裡被列入2023年曼谷米其林指南推薦！

餐廳掌舵人是主廚Chef Ferran Tadeo，出生於加泰羅尼亞，現居曼谷，曾在多間世界級的米其林星級餐廳工作！受到旅行、加泰羅尼亞美食傳統和家庭食譜啟發，主廚Chef Ferran Tadeo努力將加泰羅尼亞美食發揚光大。「Embassy Room」位於曼谷柏悅酒店9樓，是一個精緻的用餐空間，外邊有大面落地窗，營造出明亮自然的氛圍。開放式廚房為客人提供了一個獨特的視角，可以近距離觀看廚師對於傳統加泰羅尼亞菜餚，包括精選肉類、海鮮、新鮮蔬菜和口感豐富甜點的新詮釋。

如果想要一次品嚐到主廚Chef Ferran Tadeo的招牌料理，六道式的「TRADICIÓ I EVOLUCIÓ - Tasting Journey Menu」品嚐之旅菜單絕對是最棒的選擇。

DATA

🗺 Park Hyatt Bangkok,88 Witthayu Rd, Bangkok
☎ 02-011-7431
🕐 12:00～14:30午餐；18:00～22:30晚餐
💰 ฿1,400起（需外加10%服務費與7%政府稅）
👔 有dress code，用餐務必提前預訂

MAP

官網

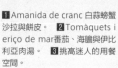

1 Amanida de cranc 白蒜螃蟹沙拉與餅皮。 2 Tomàquets i eriço de mar番茄、海膽與伊比利亞肉湯。 3 挑高迷人的用餐空間。

河景百匯晚餐 五星完美體驗

The River Café & Terrace

位在曼谷半島酒店內的「The River Café & Terrace」，提供度假氛圍的頂級用餐體驗，顧客可以依照個人喜好選擇室內冷氣或室外昭披耶河畔的座位。新鮮的各式生蠔、戰斧牛排、泰國大頭蝦、爐烤羊排、鮪魚等等，主廚代烤BBQ、日式生魚片、壽司、泰式沙拉、蟹肉沙拉等等任你享用。

除此之外，由曼谷半島酒店甜點主廚手工製作的甜點更是另一大亮點！純手工巧克力、精緻蛋糕、現切特選泰國Nam Dok Mai芒果糯米飯、半島手工新鮮水果雪酪和冰淇淋都是一定要品嘗，美麗精緻宛如寶石的甜點，好看又好吃，讓人十分滿意！

DATA

🏠 333 Charoen Nakhon Rd, Khlong Ton Sai, Khlong San, Bangkok

☎ 02-020-6969

🕐 06:00～10:30早餐；13:30～17:30全天供應；18:00～22:00晚餐

🍽 自助百匯早餐 ฿1,188起、單點午餐、自助百匯晚餐 ฿2,380 起

👔 有dress code-Smart Casual

MAP

官網

龍蝦生蠔鵝肝無限供應
曼谷周日早午餐天花板

Colonnade

DATA

🏠 13/3 S Sathon Rd, Khwaeng Thung Maha Mek, Sathon, Bangkok

☎ 02-344-8650　🕐 06:30～10:30早餐；12:00～14:30午餐；周日早午餐12:00～15:00

💰 周日早午餐฿3,500起（需外加10%服務費與7%政府稅）

註 有dress code-Smart Casual

MAP

官網

曼谷素可泰酒店內的全日餐廳「Colonnade」，以選用頂級食材入饌和多樣的國際佳餚聞名。餐廳景致絕佳，從窗邊望出去，可以看到一旁佛塔水池反射的光影，折射出昔日王朝的遺韻輝煌，在此用餐別有一番風味。

坐擁優美水中花園景致，氣氛輕鬆悠閒，真正讓這裡聲名大噪的是因為有著曼谷最為頂級的周日早午餐Sunday Brunch！「Colonnade」提供琳瑯滿目的西式佳餚及亞洲、日式、泰式風味料理，同時還有多個現點現烹調的餐檯！無限量供應的美國波士頓龍蝦、鵝肝、法國直送生蠔、戰斧牛排、日本空運干貝、日本進口海膽、美味生魚片和多達20種的各國起司等等，匯集頂級美饌，為來自世界各國的遊客獻上頂級味蕾盛宴，難怪讓這裡成為曼谷的傳奇美食餐廳，堪稱豪華百匯的天花板！

1 超新鮮，美味波士頓龍蝦。　2 周日早午餐最大亮點。　3 起司愛好者天堂，多達20種起司匯聚。　4 主廚們的起司出場秀，極為驚人。　5 如要來享用務必提早幾個月預定，總是客滿狀態。

豪華港點任你享用

Dynasty

　　身為曼谷知名的中餐廳之一，「Dynasty」擁有寬敞的用餐空間、5個私人包廂與宴會廳，位在曼谷盛泰樂中央世界商業中心酒店24樓極高的絕佳位置，可以欣賞到曼谷市中心的高樓天際線佐餐。

　　由華人主廚Chef Kongsun Sae-Liang掌杓，遵循港式點心繁複工序，適度配搭不同口感的天然食材，增添風味層次，為經典港點注入新意與健康概念，滋味更為清新爽口，讓港式點心更具精緻魅力，各年齡層均愛不釋口；此外還提供了超過百種以上的中式粵菜單點佳餚，除了口味豐富多變，還有突破傳統中式料理做法的特色美食，像是招牌料理上海醉雞、北京烤鴨、烤乳豬、紅燒鮑魚、海參香菇、芝麻蛋黃炸蝦、港式雞肉炒麵、中式清蒸鱸魚等等。最受歡迎的全日港式點心單點吃到飽，只要฿988起，除了冷盤、湯品、炒飯和麵主食擇一、甜點之外，還有35款港點任你品嚐，像是阿拉斯加鱈場蟹腸粉、蟹肉春捲、清蒸澳洲干貝、鱈魚球、酥炸春捲等等，同樣受到曼谷當地居民的推崇。

多人來這用餐，也有桌菜可供選擇。

―― *DATA* ――

🏢 24/F,999/99,Rama I Rd,Bangkok
☎ 02-100-6255
🕐 12:00～22:30
💰 ฿988起（需外
加10%服務費
與7%政府稅）

MAP　　官網

優雅午茶時光

曼谷柏悅酒店
Living Room

—— DATA ——

📍 Park Hyatt Bangkok,88 Witthayu Rd, Bangkok ☎ 02-012-1234

🕐 下午茶時段13:00～17:00　💰 ฿2,800起
（兩人份、外加10%服務費與7%政府稅）

🗓 下午茶時段每日13:00～17:00供應；全日供應單點菜單；周末下午皆有現場演奏

MAP　　官網

主廚精心創作的美麗午茶，也可搭配法國香檳。

　　凱悅酒店集團中最為頂級的「Park Hyatt Bangkok」曼谷柏悅酒店位於曼谷市區最具代表性的綠建築「CENTRAL EMBASSY」盛泰領使商場內。懸掛在天花板的蛇形藝術裝置，讓這裡宛如現代美術館般優雅，有著明亮極為挑高空間「Living Room」，是曼谷柏悅酒店內極受到歡迎、可享用優雅午茶的熱門餐廳。

　　選用來自法國創立於1854年的Mariage Frères瑪黑兄弟茗茶，讓「Living Room」的午茶更加與眾不同。以圓形透明玻璃盤盛裝，加上中間點綴的乾冰，讓午茶的主角甜點、鹹點與司康變得更加迷人。主廚發揮巧思，在每個季節都曾推出期間限定的特別版下午茶，像是日本奈良夢幻草莓午茶、白色夏季水蜜桃午茶等等，讓人好期待下次造訪的驚喜。

1 拍照亮點之一。　2 宛如摩登藝廊的用餐空間，讓人驚艷。　3 夢幻甜點推車，可以選擇想要品嘗的美點。　4 期間限定的日本奈良夢幻草莓午茶，超美麗。

奢華午茶體驗

曼谷嘉佩樂酒店

Tea Lounge at Capella Bangkok

　　曼谷新成立的奢華酒店「Capella Bangkok」曼谷嘉佩樂酒店，大廳Tea Lounge坐落在鬱鬱蔥蔥的花園和寧靜的荷花池塘中，在這裡可以盡情享受精緻的下午茶時光，感受亞洲茶文化的永恆優雅和最精緻的法式糕點。

　　Tea Lounge提供精選優質茶葉，黑茶、白茶、綠茶烏龍茶和選自泰國北部高山的稀有茶葉，以及新鮮的草藥和花香飲品，最棒的是還可享用到由法國Vranken Pommery酒莊專門為曼谷嘉佩樂所生產的鑽石香檳。招牌下午茶體驗包含香草與茶葉推車、鵝肝醬、海膽鹹點、手工司康、香料果醬、檸檬醬和凝脂奶油，精緻的甜點推車有著主廚當日製作的各式迷人甜點、瑪德蓮、馬卡龍和美味蛋糕。因為這裡每日僅提供20個座位，如果想要前來享用午茶務必事先訂位。

DATA

🏠 300, 2 Charoen Krung Rd, Yan Nawa, Sathon, Bangkok ☎ 02-098-3888
🕐 下午茶時段為每日14:00～18:00
💰 ฿3,000起（兩人份、外加10%服務費與7%政府稅）
✉ tealounge.bangkok@capellahotels.com（僅供預定Tea Lounge使用），即可抵達酒店。（嚴格服裝規定，不可穿背心、短褲、拖鞋）

MAP

官網

亞洲馳名經典午茶

曼谷半島酒店
The Lobby
Peninsula

　　曼谷頂級五星級代表酒店之一「The Peninsula Bangkok」曼谷半島酒店，大廳位在酒店的正中心，被鬱鬱蔥蔥的綠色植物和鮮花包圍下熠熠生輝，高聳的大片玻璃窗在不同的時刻都能展現昭披耶河迷人面貌。

　　依循歷史悠久的傳統，曼谷半島最著名的招牌下午茶（TRADITIONAL AFTERNOON TEA）在大堂供應，伴有現場鋼琴演奏。招牌三層英式下午茶包含爽口的雪酪、主廚創作的各式美味鹹點、使用法國Valrhona 66%巧克力製成的甜點、煙燻鮭魚與火腿多樣口味迷你三明治、原味和葡萄乾口味的司康，搭配莓果醬、檸檬凝乳、英國德文郡傳統英式奶油醬；搭配一壺法國MARIAGE FRÈRES茗茶或是來自泰國清邁的ARAKSA有機茶葉，都讓午茶時光更加難忘。除了下午茶之外，來這享用全日餐點包含早餐、午餐或清淡精緻晚餐也都是不錯的選擇。

DATA

- 🏨 333 Charoen Nakhon Rd, Khlong Ton Sai, Khlong San, Bangkok
- ☎ 02- 861-2888
- 🕐 下午茶時段為每日14:00～18:00
- 💰 ฿1,288起（單人份、外加10%服務費與7%政府稅）
- 📋 可接受兩人共享一份下午茶套餐，另一人必需點飲料；全新 PLANT-BASED AFTERNOON TEA推薦給素食的旅人

MAP

官網

頂級巧克力 午茶盛宴

Lobby Salons
The Sukhothai Bangkok

以泰式古典風格為概念的「The Sukhothai Bangkok」曼谷素可泰酒店，位於一樓的Lobby Salons，是享用午茶的場所。平日是供應泰式主題的下午茶，包含一壺法國Mariage Frères的茶品或義大利Lavazza咖啡，以及一套有著各式泰式風味的鹹點甜點的。

而極受到各國遊客與當地人喜愛的巧克力自助餐百匯（Chocolate Buffet），則是限定周六下午2點到5點供應。包含多樣的鹹點，像是現做的午茶三明治、迷你可頌、日式壽司等等，或是甜點類的巧克力蛋糕、起司蛋糕、各式水果塔以及多樣口味的馬卡龍與當令水果與雪酪等，約有30道以上的選擇，讓人眼花撩亂，全部都想吃。最厲害的是，是這裡還有一座有著超過20種，不同苦度、甜度的進口巧克力推車，像是Cocoa 100%、Albinao85%、Ouganda80%等等，一直到Blond Dulcey32%等等，都可以自己挑選，然後服務人員會在現場煮成一杯為你量身訂製的熱巧克力，專屬口味。

1 週六限定供應巧克力百匯（Chocolate Buffet），建議務必提早預訂。 **2** 不同口味的比例的各國頂級巧克力，讓人眼花撩亂。 **3** 從Lobby Salons還可看到外邊佛塔造型的裝飾建築，好不愜意。 **4** 平日泰式主題午茶，賞心悅目。

DATA

🏠 13/3 S Sathon Rd, Khwaeng Thung Maha Mek, Sathon, Bangkok
☎ 02-344-8888
🕐 下午茶時間為13:30～16:30
💰 ฿1,400起（需外加10%服務費與7%政府稅）
📧 建議先提早使用電話或E-mail預約

MAP　　官網

美味巧克力任你吃到飽
Cocoa XO

位在曼谷市中心CentralWorld購物中心上方的Centara Grand酒店，57樓有著最新的餐廳「COCOA XO」，是專為巧克力控提供無限量供應的巧克力百匯。「COCOA XO」巧克力天堂使用來自法國知名的可可品牌Cacao Barry，由主廚發想創作成超過49道以上的各式創意巧克力料理。

在這裡除了可以享用無限量的巧克力之外，還可欣賞到曼谷壯麗的城市景觀與夕陽西下美景。最特別的是這還有一個神祕的巧克力洞穴（Chocolate Cave），走進這個神祕的洞穴，就可品嚐到超過49種不同的巧克力，包括一個獨特的巧克力石窟，每個角落都有令人垂涎欲滴的美味。洞穴裡裝滿了巧克力果仁糖、甘納許、巧克力蛋糕、柔滑的巧克力霜淇淋，還有沾上水果的白巧克力或黑巧克力噴泉等等。

「COCOA XO」最近在他們的巧克力百匯中增加了幾款新品，像是沾上巧克力的餅乾甜筒，可以選擇吃得到馬爹利干邑白蘭地（Martell Cognac）風味的Signature Blend和Zephyr Milky兩款霜淇淋！蘭姆酒和干邑白蘭地松露風味巧克力、杏仁糖、檸檬蜂蜜和開心果巧克力，還有各式生巧克力也是非常棒的選擇。

DATA

🏢 57/F,999/99,Rama I Rd,Bangkok
☎ 02-100-6255　🕐 下午茶時間為16:00～01:00供應（雨天暫停）
💰 ฿812起（外加10%服務費與7%政府稅）
📋 只接受20歲以上顧客；這邊也有提供單點鹹食、飲料的不同菜單可以選擇

MAP　　官網

（左）各式美味的巧克力任你品嘗。
（右）超大的巧克力豆，別忘了和它合照。

傍晚時刻來到這裡，還可欣賞到曼谷
夕陽西下的魔幻時刻。

曼谷華爾道夫 經典孔雀廊

曼谷華爾道夫孔雀廊

Peacock Alley

　　俯瞰曼谷最著名的地標之一皇家體育俱樂部（Royal Bangkok Sports Club），位在「Waldorf Astoria Bangkok」曼谷華爾道夫酒店內的「Peacock Alley」孔雀廊，是始於紐約華爾道夫的高級酒廊，擁有獨特的神祕魅力！

　　曼谷「Peacock Alley」孔雀廊，邀來亞洲極為知名的設計師André Fu操刀，空間展現令人驚豔的新面貌。在這享用經典的泰國風味下午茶，主廚以充滿活力的泰國食材為靈感，展演創新風味，讓曼谷的孔雀廊午茶更加獨一無二。除了美味的鹹甜點心之外，法籍主廚操刀的現烤司康搭配德文郡奶油、檸檬酪與清邁草莓果醬，更是另一大亮點！為了增加口感，除了搭配華麗的香檳之外，法國百年茗茶Mariage Frères（瑪黑兄弟）獨家「Bangkok in Love tea」茗茶，則是融合了泰國藍茶與黑茶，特別能品嚐到香料的卓越風味。

D A T A

🏠 151 Ratchadamri Rd, Lumphini, Pathum Wan, Bangkok　☎ 02-846-8848

🕐 下午茶時間為每日13:00～17:00

💰 ฿2,300起（雙人份、外加10%服務費與7%政府稅）

👔 有dress code

MAP

官網

百年風華 經典名門午茶

曼谷文華東方酒店
Authors' Lounge

佇立在昭披耶河河畔的「Mandarin Oriental Bangkok」曼谷文華東方酒店，具有百年以上歷史，其中的作家休息室（Authors' Lounge），就是享用午茶的地方。以白色藤編的桌椅，搭配綠意十足的竹子與植栽，點綴在這個迷人、浪漫的純白色夢幻空間內。Authors' Lounge的下午茶分為英式、泰式以及素食三種，這有規定每位客人一定要點一套午茶組合，所以份量頗多。三層點心架上擺滿了各式鹹點、甜點、英式司康等等，全部都是由飯店內的主廚手工製作，搭配上文華東方的手工果醬，難怪每一口吃起來都極為美味，層次豐富，再喝上一口萊姆雪酪，轉換味覺。喝著奢華茶葉品牌TWG Tea的精選茶品，就算在這裡待上一整個下午，也都不覺得無聊，如果幸運的話，還會有機會聽到樂手現場彈奏古典吉他喔！

• ❋ • ═══════ *DATA* ═══════ • ❋ •

🏨 48 Oriental Ave, Khwaeng Bang Rak, Bang Rak, Bangkok ☎ 02-659-9000
🕐 下午茶時間為每日12:00～17:00
💰 ฿1,350起（外加10%服務費與7%政府稅）
📋 男性有服裝規定，不可穿背心、短褲、拖鞋；mobkk-authorslounge@mohg.com（僅供預定Authors' Lounge午茶使用），可寫信預約，如場地因私人活動暫停開放，則會改到酒店人廳，建議當日電話詢問較保險

MAP

官網

• ❋ • ═══════════════ • ❋ •

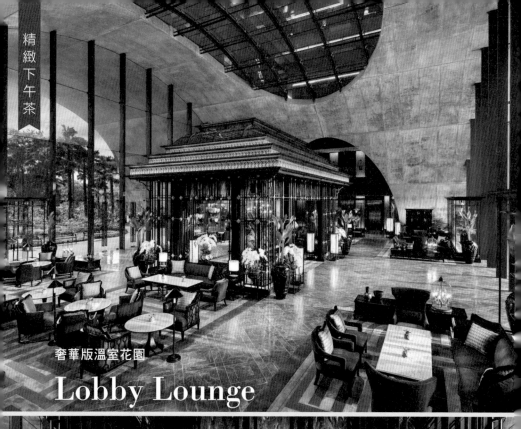

奢華版溫室花園

Lobby Lounge

由歐洲百年歷史飯店集團Kempinski所打造「Sindhorn Kempinski Hotel Bangkok」曼谷新通凱賓斯基酒店，四周被綠意環繞，入口設計如同大型隧道，挑高的大面落地窗與戶外綠意相互映襯。位在正中間的「Lobby Lounge」大廳酒廊，屋頂是華麗的拱形天花板，四面玻璃牆將花園的蔥鬱植物完美地勾勒出來。

這裡供應全日餐點，包括泰國當地美食、新鮮三明治、比薩、甜點和精選雞尾酒。

下午時段有著以樹木造景呈現、歐洲風味「THE VERDANT AFTERNOON TEA」精緻午茶，包含多款主廚特製鹹甜點，這裡選用Ronnefeldt隆納菲、來自德國的百年有機茗茶，讓午茶時間更為完美。除此之外還有曼谷唯一的「GUILT FREE AFTERNOON TEA」無麩質午茶，提供不含乳製品的甜點、植物性食材特製三明治，也推薦給你。

DATA

📍 80 Soi Ton Son, Lumphini, Pathum Wan, Bangkok
☎ 02-095-9999   🕐 07:00～21:00
💰 雙人午茶起2,300起（需外加10%服務費與7%政府稅）
📋 官網可預訂座位

MAP　　官網

1 特選泰國芒果做成的美味甜點，好看又好吃。　2 造型極特為特別的THE VERDANT AFTERNOON TEA午茶。　3 美味的司康，是下午茶的主角之一。　4 與自然呼應的挑高大廳。

泰國第一間%咖啡廳

% ICONSIAM

DATA

- 299 Charoen Nakhon 5 Alley, Khlong Ton Sai, Bangkok
- ☎ 065-979-8100
- ⏱ 10:00～21:30
- 💰 ฿150起

MAP　　　IG帳號

　　位於曼谷ICONSIAM暹羅天地內的「% Arabica」，是一個享譽國際的咖啡品牌，以其高品質的咖啡豆和精緻的咖啡製作而聞名，精心挑選和烘焙的咖啡豆，具有獨特風味和豐富層次。在這裡，可以品嚐到來自不同產區的精選咖啡。

　　每一杯咖啡都是由% Arabica咖啡師們，以其精湛的咖啡製作技巧完成，注重細節，使用特殊的萃取方法，提供獨特的美味咖啡。「% Arabica ICONSIAM」的室內設計簡潔現代，主打全白色，未來感十足，提供舒適的用餐環境，可以在這裡放鬆身心，是品嚐優質咖啡的絕佳場所。

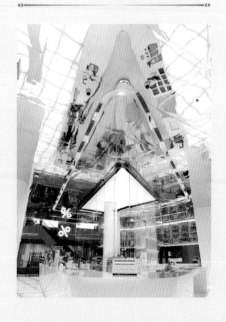

泰國版花神咖啡廳

Divana Signature Café

　　讓人宛如置身花園般「Divana Signature Café」，是泰國知名水療品牌「DIVANA SPA」所推出咖啡廳，該店位於Central World尚泰購物中心2樓主打舒適、時尚的用餐環境，提供豐富的咖啡和輕食選項。新鮮製作的三明治、沙拉、輕食餐點，使用優質食材以及精心烹調，提供讓人滿意的用餐體驗。

　　招牌雙人下午茶Afternoon Tea Set，可以品嚐到各種精緻的鹹甜點，如蛋糕、馬卡龍、泰國手工花朵果凍、芒果糯米飯等等，還有多種茶品供選擇，包括綠茶、紅茶、花草茶等，也可選擇皇家虹吸咖啡或奢華的法國香檳！主廚精心製作和裝飾，上桌前還加入乾冰，帶來視覺和味覺的享受，連在泰國極受到歡迎、媲美偶像的日本知名格鬥選手三浦孝太（Kota Miura），也曾來這享用！

DATA

🏠 2/F,999/99,Rama I Rd,Bangkok
☎ 02-252-2614　🕐 10:00～21:30
💰 ฿1,200起（雙人午茶價格，也可單點飲料฿150起）

MAP　　官網

---

1 雙人午茶好看又好吃。　2 宛如熱帶花園的美麗用餐環境。　3 每桌必點雙人午茶Afternoon Tea Set，份量極多。

曼谷歷史悠久最佳芳療中心

The Peninsula Spa

獲得有酒店界「奧斯卡」之稱的《富比士旅遊指南》（Forbes Travel Guide）四顆星肯定的「The Peninsula Spa」曼谷半島水療，是曼谷五星級酒店中芳療的佼佼者！不僅是因為它的歷史悠久，位置不在酒店內，而是一整棟獨立建築讓這裡更為特別。從進入接待處開始，穿過由木頭築成的長廊，一旁滿是綠意的熱帶花園，營造出一種超凡脫俗的體驗。達到水療中心，將曼谷的喧囂擋在門外，考慮到客人的隱私性，也會盡量錯開客人進入與離開這裡的時間，其服務相當細緻入微。

曼谷半島水療中心，提供許多不同、極為分門別類的療程可供選擇，除了經典療程（SIGNATURE TREATMENTS）、水療旅程（SPA JOURNEYS）之外，還有男性專屬的男士療程（MEN'S TREATMENTS）。最特別的是即使是孕婦和哺乳期的母親，這裡也有合適的療程。阿育吠陀芳香療法（AYURVEDA AROMATHERAPY）使用來自澳洲的Subtle Energies產品；臉部療程則是使用泰國首見來自蒙地卡羅（Monte Carlo）的Margy's產品，極為珍稀。

在療程開始之前，按摩師都會詢問顧客當下的身體情況，以及是否有需要加強或是避免的部位，這一切都是為了讓整個水療過程更為舒服自在。就算不是住客，也可來這裡體驗芳療，因為極受歡迎，如果要來這裡按摩，一定要提早幾天預約。

DATA

333 Charoen Nakhon Rd, Khlong Ton Sai, Khlong San, Bangkok
☎ 02-626-1946 ⏰09:00～21:00 💰฿3,800起
來這裡體驗水療，務必提早30分鐘到達。該中心提供私人套房，並均配有花灑淋浴、雙人理療台和雙人水療浴缸，非常適合情侶

MAP

官網

1 最為頂級的雙人水療房，配有雙人浴缸，外面有陽台，還可看到昭披耶河。 2 療程結束之後，可前往位在2樓的放鬆休息室。 3 使用泰國當地有機植物製作而成的泰式草藥球。

屢獲殊榮頂級科技水療健身中心

Sindhorn Wellness by Resense

由國際知名旅遊雜誌「Travel + Leisure」所頒發「T+L Luxury Awards Asia Pacific 2023」，榮獲全泰國第一名的水療中心就是「Sindhorn Wellness by Resense」！位在「Sindhorn Kempinski Hotel Bangkok」新通凱賓斯基酒店內，帶來泰國最大的健康服務，分佈在兩個層樓，設施面積超過 4,000平方米，融合Spa & Wellness水療、Fitness健身、Yoga瑜珈和醫療體驗的完美結合，通過各種有效的治療和健康方式，傳達美好生活與健康生活方式。

這裡的亮點是溫泉設施，包括桑拿浴室、冷水室、溫水浴室、摩洛哥土耳其浴室（Moroccan Hammam）、薇姿淋浴（Vichy Shower）、漂浮池（Flotation Tank）、拉蘇爾泥房（Rasul Mud Room）等等，從療程中獲得來自地球、冷、熱能量再次淨化。另外住客也可使用的會員俱樂部，配備高性能的健身器材、私人教練課程、團體課程（包括HIIT、虛擬動感單車、徒手格鬥、拳擊有氧、皮拉提斯），以及長達25公尺的無邊際海水泳池，可以俯瞰曼谷城市公園美景。

DATA

🏠 80 Soi Ton Son, Lumphini, Pathum Wan, Bangkok
☎ 02-095-9999　🕙 10:00～22:00
💰 ฿2,650起（外加10%服務費與7%政府稅）
📋 來這裡體驗水療，務必提早30分鐘到達，經常客滿，務必提前預約

MAP

官網

極致美容健康芳療

Auriga Wellness

看著曼谷嘉佩樂酒店內「Auriga Wellness」芳療中心，周圍舒適的綠色景觀，以及流過這裡的昭披耶河，不難發現該店的多元靈感來源。中式、泰式、印度以及西方的古老治療智慧與現代科學的融合，都讓這的水療內容更加特別。

Auriga Wellness芳療中心由屢獲殊榮的水療和健康開發商「GOCO Hospitality」構思打造，占地極廣，但只有7個房間，經常客滿。源自清邁少見的「Tok Sen」錘擊按摩或是西藏頌缽療程，都是曼谷不常見到的。除此之外，這裡還有一個溫泉浴區、一個俯瞰室外花園的茶室以及設備齊全的健身中心。按摩完之後可以到活力池、溫水浴椅、桑拿浴室和蒸汽浴室慢慢放鬆。這裡的花灑淋浴（Shower Experience）非常厲害，淋浴室內搭配閃電燈光與打雷聲、鳥鳴聲、雨聲以及顏色燈光變化，讓人宛如在大自然的包圍之下淋浴，非常特別的難忘體驗。

ᐧ───── *DATA* ─────ᐧ

🗺 300, 2 Charoen Krung Rd, Yan Nawa, Sathon, Bangkok

☎ 02-098-3866

🕐 10:00～22:00

💰 ฿4,500起（需外加10%服務費與7%政府稅）

MAP

📋 來這裡體驗水療，務必提30分鐘到達。此處提供私人套房，均配有花灑淋浴、雙人理療台和雙人水療浴缸，非常適合情侶

官網

1 芳療師極為專業，可讓人完全放鬆。
2 少見的SOUND HEALING源自西藏的「音波療癒」頌缽特別療程。　**3** 療程結束後還有熱茶和荔枝木耳枸杞冰，好特別。

熱帶花園環繞的天然芳療

Spa Botanica

位於頂級酒店「The Sukhothai Bangkok」曼谷素可泰酒店內的「Spa Botanica」，是一個被熱帶花園包圍，使用泰國柚木、淺色的天然石材以及來自泰絲大王「金·湯普森（Jim Thompson）」泰絲製品、輔以溫暖的燈光，是城市內極為優質的泰式風格芳療中心。

一共只有7間芳療房，包含4間雙人水療房以及3間個人房，可以針對不同需求來安排。除了有使用英國頂級精油品牌「Aromatherapy Associates」的療程可供選擇之外，還有在曼谷才能體驗到，與酒店同名，專注在經絡、伸展、減輕身體的壓力、提高身體的柔軟度和放鬆中樞神經90分鐘的「The Sukhothai Signature Massage」素可泰經典療程，對於忙碌的上班族來說是很棒的推薦療程！120分鐘的「Renew Rose Harmonizer」再生玫瑰和諧療程，全身清潔與去角質之後，芳療師使用豐富的玫瑰保濕精油按摩全身，接著是頭皮按摩以及臉部清潔與保濕，同時利用身體本身的熱度，讓玫瑰的香氣、能量，滲透到全身的每一個細胞，也是曼谷少見的特別療程。

DATA

- 🏠 13/3 S Sathon Rd, Khwaeng Thung Maha Mek, Sathon, Bangkok
- ☎ 02-344-8888　🕐 10:00～22:00
- 💰 ฿2,000起（外加10%服務費與7%政府稅）
- 📋 最後開始進行療程的時間為21:00，只接受少於60分鐘的療程；有提供專屬男士的療程

MAP　　　官網

Spa Menu 推薦

「Spa Botanica Touch」
฿6,200起（105分鐘）

最受到歡迎的經典療程，融合多種的按摩手法，由輕柔到逐漸加強力量的按摩律動，讓全身都能再次充電。

恢復從內到外的自然光采

Dii

這是來自曼谷的名牌水療divana的最新店「Dii」，位於曼谷最為頂級的購物中心——中央使館購物中心（Central Embassy）的4樓。一進入「Dii」，就可以聞到整個空間瀰漫著divana自創品牌的專屬舒緩香味，讓人極為放鬆，立刻將炎熱留在門外。這裡的療程分為抗老諮詢（ANTI-AGING PROGRAMS）以及水療服務（WELLNESS SPA PROGRAMS）兩大種不同類別的課程，但相同的地方都是希望以恢復年輕、活力為主要目的。最特別的是，這裡還有專屬「Dii」的獨家經典療程（Dii Exclusive Signature），包含了Empress of the Sea、Andaman La Lunar、Ayurveda Black Marine，聽起來就是很美麗的名字。其中像是Andaman La Lunar療程，包含了臉部與身體的保養，使用了來自大海提煉的精華、海洋酵素、白色珍珠等等，極為特別的原料，從頭到腳，一共約270分鐘的療程，讓人煥然一新恢復年輕！

Spa Menu 推薦

「Empress of the Sea」
฿22,500起（300分鐘）

使用來自深海海星萃取的精華製成的材料、泡澡使用高檔香檳、金色珍珠成分的摩砂膏、海洋藍寶石的面部拉提，珍稀奢華。

DATA

🏠 Central Embassy,1031 Phloen Chit Rd, Bangkok

☎ 02-160-5850　　🕐 10:00～23:00

💲 ฿2,200起（外加7%政府稅）

🗓 最後進行療程的時間為晚上21:00

MAP

官網

1 在DNA的環抱之下，恢復元氣再現光采。　**2** 水療房內不時變換色彩的水滴燈飾，好似夜空裡的銀河。　**3** 療程內使用的按摩油、磨砂膏，都是取自天然深海的頂級有機原料。

泰國超知名水療最新分店

Divana Scentuara Spa

Spa Menu 推薦

「Aurora of Ayothaya」
฿6,950起（190分鐘）

獨家的「泰國大城歐若拉」芳療，再現大城時期奢華、上流的王室。這是一種古老的泰國傳統醫學療法，由內而外完美平衡四大要素，減緩久坐疲勞引起的辦公室綜合症症狀、改善血液循環系統。

在泰國甚至是全亞洲都極為知名的「Divana Spa」，是到曼谷絕對要去體驗的最佳獨立SPA代表！由Divana全新打造、位在便利新地點的「Divana Scentuara Spa」，是以泰國百年柚木古宅改造而成，一踏進這裡就能立即感受到她的特別之處。

融合泰國古代暹羅的歷史概念到各式芳療療程之內，是這裡的特色之一。如果預算許可，不妨奢侈一次，絕對要體驗Divana 260分鐘的招牌療程！「The Exquisite Romance of Siamese Rose」暹羅玫瑰羅曼史的療程內容極為豐富，從去角質足浴、溫熱玫瑰精油身體磨砂、喜馬拉雅玫瑰鹽身體磨砂、玫瑰蜂蜜全身泥膜、玫瑰抗老蒸汽浴、喜馬拉雅玫瑰鹽熱石全身排毒、玫瑰花瓣抗衰老臉部護理、喜馬拉雅玫瑰眼部平衡療法、玫瑰脈輪頭皮療法以及最棒的暹羅玫瑰浪漫牛奶浴收尾，真的是在這裡才能體驗到的極致芳療！

DATA

🏠 16/15 Soi Somkid, Bangkok
☎ 02-661-6784
🕐 10:00～23:00
💰 ฿1,500起（外加10%服務費與7%政府稅）

MAP　　官網

① 使用有機玫瑰花瓣去角質，是非常少見的療程。　② 經典Divana Spa玫瑰牛奶浴，一生一定要體驗一次。　③ 古典雙人芳療室，還可看見外邊的小花園。　④ 百年古宅改建而成的最新分店。

地點超便利五星豪華水療

SPA Cenvaree

泰國當地旅館集團「Centara Hotels and Resorts」盛泰瀾酒店內的知名水療品牌「SPA Cenvaree」，位在曼谷市中心「Centara Grand at Central World」曼谷盛泰瀾中央世界酒店。

　　主打泰國和南亞之旅的「SPA Cenvaree」，要為所有客人提供在假期結束後仍久久難以忘懷的水療體驗。這裡占地超過1,000平方公尺，提供了超過60種SPA療程，包含泰國當地的草藥、新鮮花朵提取的精華、各種新鮮原料與芳香精油等等，而這些都是讓SPA體驗更臻完美的背後理由。無論是花香身體磨砂、傳統泰式水療護理、減緩肌肉痠痛的身體按摩與美妙面部護理，「SPA Cenvaree」都能提供從頭到腳的全方位護理，帶來一場身體、心靈和精神的滋養之旅。

DATA

🏠 25/F,999/99 Rama I Rd, Bangkok
☎ 02-100-1234　🕐 09:00～21:00
💰 ฿1,800起（外加10%服務費與7%政府稅）
📋 來這裡體驗水療，務必提早30分鐘到達，可以享受水療設施，包括蒸汽浴室、桑拿浴室和按摩浴缸

　　MAP　　　　官網

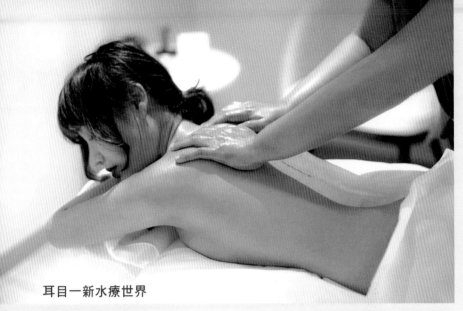

耳目一新水療世界

AvaniSpa

泰國當地知名酒店集團「Avani」、在地為極為便利，目前極為熱門的BTS捷運站On Nut站，有著一間「Avani Sukhumvit Bangkok Hotel」安凡尼素坤逸曼谷酒店，因為到站即到飯店，因此深受許多國內外遊客的喜愛！

酒店內的水療「AvaniSpa」因為地點便利，環境乾淨，同樣受到泰國當地人的支持。這裡提供多種身體療程和護理服務，可以舒緩壓力、恢復身心平衡，無論是腳底按摩、精油按摩、瑞典按摩、泰式按摩、深層組織按摩等等，另外還有面部護理、身體磨砂、身體護理和特色療程等等，「AvaniSpa」的專業按摩師都能根據顧客的需求和喜好提供個性化的療程體驗。

DATA

🏠 2089 Sukhumvit Rd, Prakanong Nua Watthana, Bangkok ☎ 02-079-7555

🕐 10:00～20:00　฿1,300起（外加10%服務費與7%政府稅）

📅 最後進行療程的時間為晚上19:00

MAP　　官網

1 還有專屬閨密、情侶或是夫妻的雙人水療房，務必提前預約。　2 單人水療房用色溫暖，空間極大。

華麗摩登酒吧

Stella

　　酒吧位於曼谷嘉佩樂酒店，內部設計靈感來自歷史上著名女性的迷人故事！現場調製、宛如珠寶般耀眼、極為誘人的華麗雞尾酒，與「Stella」酒吧內奢華風格相互輝映，在迷人的河畔沙龍中，讓曼谷的夜晚更加美麗。

DATA

🏠 300, 2 Charoen Krung Rd, Yan Nawa,
Sathon, Bangkok　☎ 02-098-3819
🕐 18:00～00:00（每晚皆有現場演奏）
🍸 飲料消費฿340起

MAP

IG帳號

低調奢華高空雞尾酒吧

Penthouse Bar + Grill

　　抵達頂級酒店「Park Hyatt Bangkok 曼谷柏悅酒店」內，從34樓到36樓的「Penthouse Bar + Grill」，有著讓人眼花撩亂的多種餐飲選擇！位於最頂樓的 Rooftop Bar，是一個令人嘆為觀止的戶外空間，可以在這裡欣賞日落、欣賞曼谷城市全景，一邊品嚐清爽的熱帶雞尾酒、經典飲品和精心製作的點心，一邊俯瞰迷人的夕陽和整夜閃閃發光的曼谷城市燈光。

DATA

🏢 Park Hyatt Bangkok,88 Witthayu Rd, Bangkok
☎ 02-011-7480　🕐 17:30～02:00
🍷 飲料消費฿390起　📋 Rooftop Bar有年齡與服裝限制，背心、拖鞋、短褲、20歲以下不可進入

MAP

IG帳號

紐約上城風格高空酒吧

The Loft & Champagne Bar

　　沉浸在新藝術風格的浪漫中,感受炫目迷人且充滿異國情調的氛圍。「The Loft & Champagne Bar」紐約風格的酒吧,沿用舊華爾道夫酒吧的傳統,將精釀手工威士忌與經典雞尾酒,轉化成摩登的新風味,讓高空美麗燈火點綴曼谷華麗的夜晚。

DATA

地 151 Ratchadamri Rd, Lumphini, Pathum Wan, Bangkok

☎ 02-846-8888　🕐 16:00～23:00

價 ฿480起

註 有服裝限制,背心、拖鞋、短褲不可進入

MAP　　　IG帳號

多感官遊樂場

Seen
restaurant & bar

酒吧本身位於阿瓦尼河濱曼谷飯店26樓，可以俯瞰曼谷城市天際線、河邊夜市發光摩天輪的「Seen restaurant & bar」，無論在白天或夜晚來到這裡，都可以欣賞到昭披耶河的多變面貌！由名廚chef Olivier da Costa帶來的現代葡萄牙、巴西美味料理，都讓「Seen restaurant & bar」等備受歡迎！

DATA

🏠 26/F,257 Charoen Nakhon Rd, Samre, Thon Buri, Bangkok
☎ 02-431-9120　🕚 11:00～00:00
🍹 飲料消費 ฿360起
🚫 室內空間有服裝限制，背心、拖鞋、短褲不可進入

　　MAP　　　IG帳號

DATA

🏠 24/F,57, Park Ventures Ecoplex 57 Witthayu Rd, Bangkok
☎ 02-687-9000
🕚 18:00～01:00
🍹 ฿350起（需外加10%服務費與7%政府稅）

　　MAP　　　官網

純正日系血統 俯瞰城市美景

Up & Above
Restaurant and Bar

流瀉著迷人爵士樂的「Up & Above Restaurant and Bar」，位在曼谷名門酒店「The Okura Prestige Bangkok」曼谷大倉新頤酒店！擁有優雅半月形的戶外空間，可以看到令人嘆為觀止的曼谷城市天際線。無論是下午或晚間來到這裡，都能有截然不同的感受，一邊品嚐著美味冷盤、乳酪以及新鮮日本生蠔，啜飲著美味的特選香檳，這就是引領潮流的絕佳去處。

曼谷經典酒吧　風華再現

The Bamboo Bar

　　曼谷文華東方酒店的「The Bamboo Bar」，最初於1953年在酒店著名的 Authors Wing作家翼樓內的一個小房間內開業，現已發展成為來自全世界的上流社會顧客喜愛的場所之一！經過全面翻新，外觀更加現代，同時保留了經典雞尾酒吧的標誌性特徵。牆上掛著許多歷史圖片，包含路易斯‧阿姆斯壯（Louis Armstrong）、米克‧傑格（Mick Jagge）以及奧黛麗‧赫本（Audrey Hepburn）等

前顧客的照片，極為珍貴。

DATA

🏠 48 Oriental Ave, Khwaeng Bang Rak, Bang Rak, Bangkok

☎ 02-659-9000　🕐 17:00～01:00

🍸 飲料消費฿320起

📷 有現場爵士演奏；有年齡與服裝限制，背心、拖鞋、短褲不可進入

MAP

IG帳號

大人專屬 曼谷唯一高空香檳酒吧

CRU

　　再上一層樓！曼谷最美高空酒吧「CRU Champagne Bar」，位在曼谷市中心「曼谷盛泰瀾中央世界酒店（Centara Grand at CentralWorld）」59樓，360度無遮蔽，絕對是欣賞傍晚夕陽、夜景的最棒去處；主打獨家引進的G.H. Mumm Champagne法國香檳與法國生蠔，奢華無比！

━━━ *DATA* ━━━

🏠 59/F,999, 99 Rama I Rd, Pathum Wan, Bangkok ☎ 02-100-6255

🕐 17:00～01:00　💰 ฿1,000起（皆為酒精飲料）

🈲 有年齡與服裝限制，背心、拖鞋與20歲以下不可進入

MAP　　IG帳號

曼谷夜空中最閃亮的彩虹

Red Sky

如果是在夜晚時刻抵達曼谷市中心，一定會在高速公路上看到這個閃耀著五顏六色光芒的迷人彩虹！這就是位在曼谷正市中心「Centara Grand at CentralWorld」曼谷盛泰瀾中央世界酒店55樓的「Red Sky」，包含可以在高空欣賞曼谷正中心迷人夜景的戶外座位、專屬室內空間可以享用餐點以及閃亮的頂級酒窖。

DATA

- 🏠 55/F,999, 99 Rama I Rd, Pathum Wan, Bangkok
- ☎ 02- 100-6255　🕐 18:00～00:00
- 🍷 飲料消費฿390起
- 📋 有服裝限制，背心、拖鞋、短褲不可進入；喝飲料無法預約，10人以上團體或用餐才可預訂座位

MAP

IG帳號

用雞尾酒環遊世界

Firefly Bar

豪華酒店「Sindhorn Kempinski Hotel Bangkok」曼谷新通凱賓斯基酒店內的「Firefly Bar」，核心是受到螢火蟲神話的啟發。一群螢火蟲在世界各地旅行，在返回「Firefly Bar」前，採摘了各種香料、香草、苦味劑和花朵香。正是通過這種收集的概念，讓酒吧富有想像力的雞尾酒菜單應運而生。豪華家具、深色木飾面、發光枝形吊燈、沙發扶手椅打造而成的迷人爵士酒吧。

DATA

- 🏠 80 Soi Ton Son, Lumphini, Pathum Wan, Bangkok
- ☎ 02-095-9999
- 🕐 17:00～01:00
- 🍷 飲料消費 ฿470起

MAP　　　IG帳號

低調奢華高空雞尾酒吧

ABar Rooftop

位在「Bangkok Marriott Marquis Queen's Park」曼谷皇后公園萬豪侯爵酒店，極高38樓的戶外，視線高於曼谷的城市街道，是一個明亮優雅的場所，照亮了市中心的天際線。「ABar Rooftop」擁有舒適的純白色沙發座椅，是在曼谷落日餘暉中創造難忘時刻的理想地點。無論是想在餐前或餐後小酌一杯，或是想找個地方度過美好的曼谷夜晚，這裡都不會讓你失望。

DATA

- 🏠 38/F,199 Sukhumvit Alley 22, Khlong Tan, Khlong Toei, Bangkok
- ☎ 02-059-5999　🕐 17:00～01:00
- 🍷 ฿375起（皆為酒精飲料）
- 📋 有年齡與服裝限制，背心、拖鞋、短褲、20歲以下不可進入

MAP　　　IG帳號

CAPELLA

超五星級奢華體驗

曼谷嘉佩樂酒店

Capella Bangkok

Verandah房型擁有私人內建按摩浴缸的泳池，深受情侶們的喜愛。

如果想要體驗奢華的度假氛圍，入住位在緊鄰昭披耶河畔的「Capella Bangkok」曼谷嘉佩樂酒店是尼克推薦最棒的選擇之一。由國際知名Hamiltons International建築設計師Richard Scott Wilson以及Andy Miller聯手設計。只要一踏入酒店，就能立刻感受到與眾不同的空間感，透過大面積的多面落地窗讓室內與戶外自然環境相互呼應；酒店邀來以打造奢華空間出名的舊金山BAMO設計事務所操刀，不著痕跡的點綴上由泰國藝術家創作的雕塑畫作，讓這從裡到外都散發著獨有的泰式氛圍。

酒店內的米其林一星餐廳「CÔTE BY MAURO COLAGRECO」主打無菜單歐式料理，每一次來這裡用餐都能有不同的驚喜；「PHRA NAKHON」餐廳主打道地泰國料理，一旁可以看到主廚現場料理，讓用餐體驗更為開心；「STELLA」酒吧每日傍晚提供住客「CHIN CHIN」hours，可以無限量用各式飲料與小點心，到了晚上搖身一變，是曼谷城中非常受到歡迎的酒吧之一，就算不是住客也可以來這裡喝上幾杯。

酒店這裡的WELLNESS中心「AURIGA」全部使用Aesop的備品。除了常見的泰式按摩之外、還有少見的SOUND HEALING源自西藏的「音波療癒」頌缽特別療程，可以讓身心再次恢復平衡。裡面三溫暖區還有曼谷唯一「Shower Experience」，讓人彷彿置身在大自然叢林，雨天閃電打雷的聲光變換情境之下淋浴，是極為特別的體驗，一定要來嘗試。

DATA

🏠 300, 2 Charoen Krung Rd, Yan Nawa, Sathon, Bangkok
☎ 02-098-3888　🕐 IN 15:00；OUT 12:00
💰 雙人房約฿25,000起
📶 Wi-Fi無線網路：客房與公共區域免費

MAP　　官網

1 在這裡才可以享用到的Capella Bangkok香檳，珍稀無比。　2 佗寂風客房氛圍，讓人愛上這裡的寧靜，不想出門逛街了。　3 101間客房與別墅，全部面對昭披耶河，在房內就可以欣賞迷人的日落時刻。

摩登人士最愛 曼谷最熱門時髦酒店

曼谷瑪哈納功標準酒店

The Standard, Bangkok Mahanakhon

創立於1999年的The Standard酒店品牌，目前除了在紐約、邁阿密、倫敦、馬爾地夫、泰國華欣、西班牙IBIZA島之外，位在曼谷的「The Standard,Bangkok Mahanakhon」曼谷瑪哈納功標準酒店是目前亞洲最新的旗艦酒店。

酒店擁有155間客房，座落於曼谷最為知名的King Power Mahanakhon大樓內，整棟建築物樓高78層，是泰國指標性、最高建築物之一，位在曼谷沙吞（Sathorn）和席隆（Silom）間的中央商業金融區。酒店毗鄰眾多文化景點、活力創意、人群聚集的曼谷老城。 設計風格反映曼谷獨有的魅力和創造力，同時也在細節中融入了The Standard品牌精神，即「anything but standard」。

一踏進酒店絕對會拍照拍不停，每個角落都可拍出網美照，室內空間由西班牙藝術家Jaime Hayon與The Standard設計團隊一同規畫。鮮活的色彩、流暢的造型、層層推進的藝術裝置和鬱鬱蔥蔥的植栽，打造出順暢銜接過渡的酒店內外部空間，現代風格十足。戶外露天游泳池、豪華設施的健身房、美國之外第一間「The Standard Grill燒烤餐廳」、來自香港泰國首間「Mott 32 三二公館中餐廳」、大廳旁時髦「The Parlor」可以享用摩登調酒和點心、在頂樓擁有無敵高空美景的「Ojo」餐廳內，品嘗墨西哥名廚的特製佳餚，都是讓這裡更為與眾不同的理由。

DATA

📍 114 Naradhiwas Rajanagarindra Rd, Silom, Bang Rak, Bangkok
☎ 02-085-8888　🕐 IN 15:00；OUT 12:00
🛏 雙人房約 ฿7,000起
🌐 Wi-Fi無線網路：客房與公共區域免費

MAP　　官網

1 位在酒店一樓的大廳，特別的風格。 2 普普色系摩登客房，讓人彷佛置身紐約第五大道。 3 在戶外泳池旁躺著曬曬太陽也很不錯。

曼谷經典地標之一，上方有目前
泰國最高的SKY BAR。

低調奢華代名詞

曼谷半島酒店
The Peninsula Bangkok

在許多國際旅遊雜誌票選總是名列前茅，身為曼谷最頂級的五星級代表酒店之一「The Peninsula Bangkok」曼谷半島酒店，一直是許多歐美、亞洲旅客到曼谷指定入住，同時也是尼克最喜愛的曼谷首選酒店之一。曼谷半島本身的建築外觀極為醒目，以特別的風格吸引著眾人目光，矗立在昭披耶河旁，就算不是住客，只要搭船經過這裡，也很難讓人不注意到她的風采。

曼谷半島酒店從裡到外都散發著一股悠閒的氣氛，全部客房都面向河景，可以看到昭披耶河的多變樣貌，讓人自然而然的慢下腳步，細細品味欣賞這兒的一草一木。在酒店內最為知名的「The Lobby」享用半島經典英式下午茶；當地華人最愛的美味粵式料理「Mei Jiang」湄江中餐廳；擁有一座泰國古式涼亭、主打正宗泰國料理的「Thiptara」泰式餐廳；Sunday Brunch時段總是一位難求，可以盡情享用和牛、生蠔、大蝦的「River Café & Terrace」，在這裡用餐能體驗到以極為貼心與精緻著名的半島服務。或是什麼事都不做，躺在泳池的發呆亭看看書、喝杯清涼飲料，度過一個幸福半島午后時光。

曼谷半島酒店內最知名的「The Peninsula Spa」曼谷半島水療，除了是獨立建築、提供最為隱密的空間之外，還有療程結束之後的專屬休息室。這的SPA療程除了受到女性朋友的喜愛，也有專為男士推出的SPA課程，不管是情侶、夫妻甚至是好友，都很適合來這一起體驗，親自感受屬於曼谷半島酒店的無形魅力！

DATA

🏨 333 Charoen Nakhon Rd, Khlong Ton Sai, Khlong San, Bangkok

☎ 02- 861-2888　🕐 IN 14:00；OUT 12:00

🛏 雙人房約
฿13,000起

📶 Wi-Fi無線網路：客房與公共區域免費

MAP　　官網

入住時酒店提供可愛泰式傳統小點心。

極俱南國風情的半島泳池。

讓人置身幸福的黎明時刻

曼谷素可泰酒店

The Sukothai Bangkok

在曼谷大多數的豪華酒店都是主打華麗的摩天大樓景色，但以暹羅第一個首都命名的「The Sukothai Bangkok」曼谷素可泰酒店打破了這個常規，僅五層的樓高、迷宮式的建築群是由以打造Aman安縵酒店聞名的美國建築師Edward Tuttle所設計。每個角落都有花園、庭院和荷花池，餐廳漂浮在人工湖上；如果不是因為剛好瞥見遠處的高層建築物，你永遠不會相信這是位在曼谷精華市區內。

這裡的裝潢以柚木地板、華美的泰國絲綢、金屬與青瓷陶瓷打造而成。客房是一種現代與經典的融合風格，採用柔和的大地色系，配有華麗的木製品和時尚的家具。寬廣的浴室空間、落地鏡面牆、木地板、超大浴缸和獨立淋浴間，更讓人感覺宛如置身城市的度假勝地。

「Celadon」餐廳供應精緻的泰國佳餚，是曼谷最佳泰菜餐廳之一。酒店的「La Scala」和「Colonnade」餐廳，供應義大利料理以及曼谷最豪華的龍蝦生蠔周日早午餐；晚餐之後，也可到溫馨的「Zuk」，這是一個包含戶外酒廊和雞尾酒吧俱樂部。健身俱樂部設備齊全，還有長達25公尺的室外無邊泳池，深受住客的喜愛。

DATA

🏠 13/3 S Sathon Rd, Khwaeng Thung Maha Mek, Sathon, Bangkok
☎ 02- 344-8888　🕐 IN 14:00；OUT 12:00
💰 雙人房約 ฿7000起
📶 Wi-Fi無線網路：客房與公共區域免費

MAP　　官網

1 古典的泰國佛塔，夜晚點上燭光更加迷人。　2 綠意環繞，長達25公尺的室外無邊泳池。　3 優雅的泰式風格大廳，在這拍照也很好看。

希爾頓旗下的現代式華麗建築酒店

曼谷華爾道夫酒店
Waldorf Astoria Bangkok

　　坐落在曼谷市中心60層樓高 Magnolias Ratchadamri豪華高層建築內，「Waldorf Astoria Bangkok」曼谷華爾道夫酒店，是知名建築師André Fu與來自紐約的知名設計工作室 AvroKO 所打造。以紐約華爾道夫酒店為藍圖，將泰國文化與裝飾藝術與融為一體，選用黃銅與大理石、完美結合泰國傳統編織與絲綢圖案，成就出東南亞第一間華爾道夫酒店！

　　共有171間客房和套房，部分房型面積是曼谷市區酒店之最，大面落地窗可以欣賞到正前方「Royal Bangkok Sports Club」曼谷皇家體育俱樂部的綠意美景。酒店擁有6個餐廳和酒廊，環境優雅宜人，位於最高的三層樓，是專門提供美酒佳餚的餐廳與酒吧，還可欣賞到令人驚嘆的曼谷天際線。前往55樓的「Bull & Bear」餐廳、親自品嚐上等牛排、「The Loft」樓頂酒吧午夜暢飲、或在「The Brasserie」享用豪華精緻早餐。室內裝飾以華麗裝飾藝術和新藝術風格為主，效仿華爾道夫酒店的傳統。

DATA

🏨 151 Ratchadamri Rd, Lumphini, Pathum Wan, Bangkok
☎ 02-846-8888
🕐 **IN** 15:00
　 OUT 12:00
🛏 雙人房約 11,450฿起

MAP

官網

1 造型極為特別的高空無邊際泳池。
2 窗外就是曼谷皇家體育俱樂部美
景。　3 4 宛如置身紐約華爾道夫
酒店般優雅。

傳承經典 再現華麗新風貌

曼谷洲際酒店

InterContinental Bangkok

現了泰式的熱情歡迎，讓來自全世界的旅客都能沉浸在泰國豐富的文化當中。擁有381間客房、高空戶外泳池、知名水療及24小時健身房、7間不同風格的餐廳與酒吧，擁有從西式到泰式的多樣料理，帶來獨特的用餐體驗。

　　這是曼谷市中心最具標誌性的經典五星級豪華酒店「InterContinental Bangkok」曼谷洲際酒店。二十多年來，這裡一直是大家熟悉的曼谷景觀一部分，經過這些年的全面翻新與設計改造，終於再次以摩登新面貌與大家見面。鄰近BTS Chidlom捷運站，酒店對面就是四面佛（ERAWAN SHRINE）、尚泰世界購物中心（Central World），地理位置非常優越！

　　全新面貌的「InterContinental Bangkok」曼谷洲際酒店，在最為經典的挑高大廳，有著以繁複泰國傳統茉莉花環為概念水晶吊燈裝飾。酒店各處也可見到泰國著名的傳統花紋圖案，精心佈置的現代抽象與泰國當地工匠的藝術品，則是展

■1 大人味「Humidor」摩登威士忌雪茄吧。　■2 全新打造的客房，泰式元素貫穿其中。

》•———— D A T A ————•《
📍 973 Phloen Chit Rd, Lumphini, Pathum Wan, Bangkok
☎ 02-656-0444
🕐 IN 15:00；OUT 12:00
🛏 雙人房฿9,000起
📶 Wi-Fi無線網路：公共區域與客房免費

MAP　　官網

曼谷首間主打加州風味料理「SoCal」餐酒館。

大片綠意環繞 奢華風格酒店

新通凱賓斯基酒店

Sindhorn Kempinski Hotel Bangkok

　　由歐洲擁有逾百年歷史的飯店集團「Kempinski」凱賓斯基所打造、曼谷最新頂級豪華酒店「Sindhorn Kempinski Hotel Bangkok」新通凱賓斯基酒店，隱身於曼谷一片綠洲內，每個空間都充滿有機平靜感，為各國旅客提供城市養生靜居，就像來到世外桃源般自在。

　　酒店入口設計如同巨型隧道，挑高大面落地窗與戶外四季綠意相互映襯，是嶄新的綠建築。大廳華麗氣派，擁有274間寬敞的客房和套房，客房面積極大，帶來尊榮舒適。酒店內餐廳的靈感皆源自大自然，精選新鮮食材，經由主廚創意演繹，呈現別具一格的風味，每道料理都能帶來驚喜。「Flourish」花園景觀餐廳帶有開放式廚房，提供早餐及全日美食；「Firefly Bar」是曼谷知名酒吧；「Lobby Lounge」大堂酒廊除了招牌網美午茶外，也供應各式簡餐；「Ki Izakaya」靈感來自日本，主打日式料理。在「Sindhorn Kempinski Hotel Bangkok」新通凱賓斯基酒店無論入住、用餐、享用SPA設施，都是一流享受！

━━━ *DATA* ━━━

🏠 80 Soi Ton Son, Lumphini, Pathum Wan, Bangkok 10330泰國

☎ 02-095-9999　🕐 IN 15:00；OUT 12:00

💰 雙人房 ฿10,000起

📶 Wi-Fi無線網路：客房與公共區域免費

MAP

官網

❶大廳旁「Flourish」享用精緻早餐。　❷❸最小的房型都是套房，室內空間面積極大。　❹少見25公尺長的海水游泳池，絕對要來體驗。

全亞洲第一間萬豪侯爵皇后公園酒店

萬豪侯爵皇后公園酒店

Bangkok Marriott Marquis Queen's Park

套房房間面積極大，還有客廳。

―――――――― *DATA* ――――――――

Chapter
②
曼谷全新魅力

🏠 199 Sukhumvit Alley 22, Khlong Tan,
Khlong Toei, Bangkok
☎ 02-059-5555
🕐 IN 15:00
OUT 12:00
💰 雙人房約
฿6,000起

MAP　官網

1 戶外大型泳池，適合親子同樂。　**2** 全亞洲首間萬豪侯爵酒店。　**3** Akira Back餐廳，供應道地的日本料理。

　　座落在繁華曼谷市中心的素坤逸路（Sukhumvit）巷內，周圍是市內最熱鬧的EM生活購物中心、商業和娛樂區（The EM District），如此氣派的超大型旅館，擁有1,360間客房和套房，緊鄰綠地的高空景色，這就是極具氣勢、全亞洲第一間「Bangkok Marriott Marquis Queen's Park」曼谷萬豪侯爵皇后公園酒店。

　　受到泰國國王母后「泰國文化遺產居住於其人民」的熱情啟發，融合了傳奇般的泰式款待，一踏進酒店大廳，迎面而來的就是氣勢十足、金碧輝煌的挑高空間，包含右邊的大廳酒廊以及左手邊的「Siam Tea Room」暹羅茶館。這個泰式涼亭入口，暹羅茶館裡面販售著風味十足的特選伴手禮，以及供應道地泰式料理的餐廳。酒店內的Goji Kitchen+Bar、Akira Back、Pagoda、ABar Rooftop餐廳同樣精彩！

高空寧靜綠洲

曼谷柏悅酒店

Park Hyatt Bangkok

耗費多年興建而成的「Park Hyatt Bangkok」曼谷柏悅酒店是泰國頂級酒店的指標之一。室內設計由同樣負責紐約柏悅酒店、獲獎無數的知名設計師二人組Yabu Pushelberg所操刀，這是他們在曼谷所設計的第一間酒店，融合泰式元素於各個角落。有著弧線形未來感外觀的「Park Hyatt Bangkok」，就如一道犀利的刀鋒劃出曼谷的天際線。

酒店位處曼谷市中心的絕佳地理位置，高空泳池，房內大片落地窗帶來無敵美景。一共27樓層的摩登空間，連結樓下的超頂級商場「Central Embassy」盛泰領使商場，讓逛街血拚更為便利。如果不是住客，也可來到酒店最高樓層、由紐約知名設計工作室AvroKO所打造的摩登「Penthouse Grill+Bar」，裡面包含6間風格不同的燒烤餐廳、雞尾酒吧、威士忌酒吧、私人包廂與高空酒吧，讓這裡迅速成為曼谷奢華住宿體驗的新代名詞。

> 位置便利、與捷運站連結、客房擁有大片落地窗，可以欣賞到公園美景與曼谷的城市天際線，夫復何求？

Panakorn Jaiwangyen
SOtraveler.com總編輯
IG: sotraveler

達人推薦

1 高空無邊泳池，到了夜晚更加美麗。 2 迷人的公共空間水晶吊燈。 3 泰式元素，巧妙點綴於頂級客房之內。

DATA

🏠 Central Embassy, 88 Witthayu Rd, Lumphini, Pathum Wan, Bangkok

☎ 02-012-1234 🕐 IN 15:00；OUT 12:00

🛏 雙人房約 ฿8,000起

📶 Wi-Fi無線網路：客房與公共區域免費

MAP

官網

房間內就可欣賞曼谷百萬夜景

曼谷盛泰瀾
尚泰世界酒店

Centara Grand at CentralWorld

　　如果購物血拼是你到曼谷主要的目的，那絕對要選擇位在曼谷正市中心的「Centara Grand at CentralWorld」曼谷盛泰瀾尚泰世界酒店！不只是因為它位於曼谷最大的「尚泰世界購物中心（Central World）」正上方，愛神、象神、四面佛就在酒店旁，最棒的是可以一直血拼到百貨公司幾乎打烊，再搭電梯往上到飯店，地點極為方便！

　　曼谷盛泰瀾尚泰世界酒店一共有57樓，CHECK IN的大廳位在23樓，櫃台後方是一整片超大落地透明玻璃，可以居高臨下看到曼谷市中心高樓景色，這是大型酒店才有的氣勢！

　　如果預算許可，尼克強力推薦一定要入住這裡的行政樓層的客房（The World Executive Club），不僅樓層在較高的49樓，同時還有提供超值的附加免費招待，像是午餐、下午茶、傍晚酒精類飲料喝到飽HAPPY HOUR。如果預算許可，大部分時間也會在酒店內，真的要體驗看看！行政樓層客房使用的是在泰國、日本都極為知名，泰國本地的奢華香氛品牌「PAÑPURI」備品，味道極為清新優雅。

DATA

🗺 999/99 Rama I Rd,Bangkok
☎ 02-100-1234　🕐 IN 15:00；OUT 12:00
🛏 雙人房約5,000฿起
📶 Wi-Fi無線網路：客房與公共區域免費

MAP　　官網

1 少見的大片高空泳池，深受住客的喜愛。　2 酒店內的SPA Cenvaree水準不錯，就算不是住客也可前來體驗。　3 酒店內最高、最熱門的CRU香檳酒吧，千萬不可錯過。　4 摩登現代的客房風格，極為明亮。

絕美河景度假酒店

曼谷河畔安凡尼臻選酒店

Avani+ Riverside Bangkok Hotel

俯瞰著曼谷壯麗的河景，位於昭披耶河西岸，是曼谷市中心的一處舒緩的休憩之所。從BTS捷運Saphan Taksin站，即可搭乘酒店的免費接駁船前來，大約10分鐘的距離，就抵達這棟擁有26樓層高、180度無遮蔽河景的「Avani+ Riverside Bangkok Hotel」曼谷河畔安凡尼臻選酒店。酒店位在昭披耶河的對岸，所以更可以看到曼谷市區的迷人景色，無論是白天的繁忙或是夜晚閃耀的輝煌燈火。位於高樓的無邊際泳池更是一大亮點，隨手都可以拍出美麗的照片。到了夜晚，位於最高26樓的「SEEN Restaurant & Bar」除了用餐之外也可以享用調酒，是曼谷極為熱門的高樓餐酒吧。

DATA

🏠 257 Charoen Nakhon Rd, Samre, Thon Buri, Bangkok

☎ 02-431-9100　🕐 IN 15:00；OUT 12:00

🛏 雙人房 ฿4,000起

📶 Wi-Fi無線網路：客房與公共區域免費

MAP　官網

■1 位於11樓的酒店接待大廳。
■2 俯瞰昭披耶河美景的高空無邊
際泳池，超美。 ■3 由「SEEN
Restaurant & Bar」知名調酒
師所創作的迷人飲品。 ■4 美味
時刻，一定要早起享用豐富的現
做早餐。 ■5 摩登色系的客房風
格。

經典酒店再現新泰式風華

蒙天酒店

Montien Hotel Surawong Bangkok

在1967年情人節當日，由泰國詩麗吉王太后陛下（Her Majesty Queen Sirikit the Queen Mother）主持了「Montien Hotel Surawong Bangkok」蒙天酒店的開業儀式。這不僅是「Montien Hotel Surawong Bangkok」重要的一天，也是泰國酒店業界酒店歷史性的一刻。

酒店剛經過長達2年的全新翻新，邀來泰國當地著名設計公司「P49 Design & Associates」負責規畫！保留酒店的標誌性建築特色是新設計的核心精神，尤其是接待大廳寬闊的大理石螺旋樓梯和標誌性的黃銅扶手，彷彿一幅古典的優雅畫作。而當尼克再次入住「Montien Hotel Surawong Bangkok」，發現在全新的大廳、餐廳以及客房，都能感受到泰式傳統藝術與當代藝術的完美融合，讓擁有50年歷史的酒店換上摩登新面貌，成為曼谷熱門的新穎酒店之一。值得一提的是在酒店不同角落，都可以發現泰國藝術家Paiboon Suwannakudt的作品，展現出具厚度的文化底蘊。

房內的智慧型電視、床邊的USB插座、浴室的RAIN SHOWER、TOTO免治馬桶以及開放式的衣櫃，大面積的窗戶、讓人在房內就可近距離欣賞夜晚美麗的車河，這些都是讓人再次愛上「Montien Hotel Surawong Bangkok」的美好理由。

1 新泰式風格打造的客房。 2 全部客房內都可看到泰國藝術家Paiboon Suwannakudt的作品。 3 摩登新風格。

DATA

🏠 54 Thanon Surawong, Silom, Bang Rak, Bangkok ☎ 02-233-7060

🕐 IN 14:00；
OUT 12:00

💰 雙人房約฿5,000起

📶 Wi-Fi無線網路：客房與公共區域免費

MAP

官網

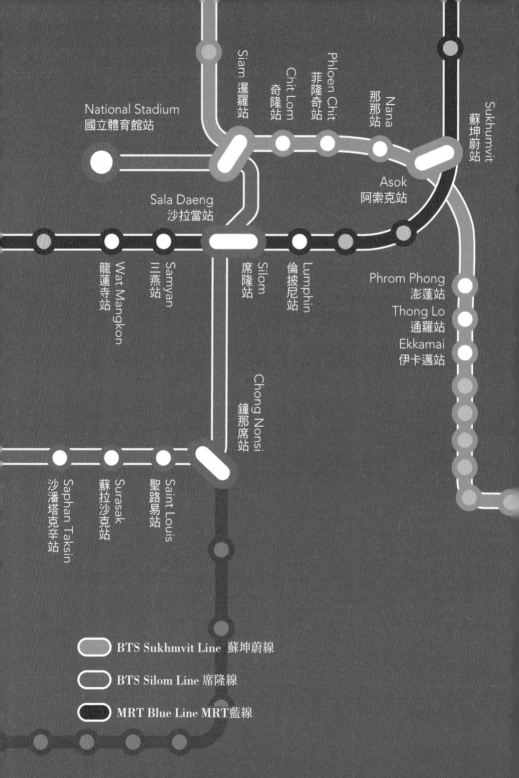

National Stadium
國立體育館站

Siam
暹羅站

Chit Lom
奇隆站

Phloen Chit
菲隆奇站

Nana
那那站

Sukhumvit
蘇坤蔚站

Asok
阿索克站

Sala Daeng
沙拉當站

Silom
席隆站

Lumphin
倫披尼站

Phrom Phong
澎蓬站

Thong Lo
通羅站

Ekkamai
伊卡邁站

Wat Mangkon
龍蓮寺站

Samyan
三燕站

Chong Nonsi
鐘那席站

Saphan Taksin
沙潘塔克辛站

Surasak
蘇拉沙克站

Saint Louis
聖路易站

BTS Sukhmvit Line 蘇坤蔚線

BTS Silom Line 席隆線

MRT Blue Line MRT藍線

曼谷最便利大眾交通工具

BTS & MRT
最新周邊

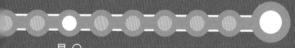

Kheha
凱哈站

Chang Erawan
昌伊拉旺站

輕鬆探訪曼谷的百變樣貌

搭上 BTS 與 MRT，曼谷的魔幻旅程即刻展開，輕鬆就可抵達心
儀之地。無論你想造訪頂級購物中心、創意博物館、米其林餐
廳、知名 SPA 水療，抑或是品味百年唐人街咖啡廳，尼克精選
的沿線必訪景點，必定為你的曼谷之旅增色不少。

而最新加入營運的 MRT Pink Line（MRT 粉紅線）則透過 Ram
Inthra 路連結暖武里府的 Khae Rai 及曼谷東部的 Min Buri 區
域，為整個交通網絡增添新的選擇。

BTS 暹羅站
Siam

BTS Sukhumvit Line
（BTS蘇昆蔚線）

暹羅（Siam）是曼谷的古名，也是BTS席隆線（BTS Silom Line）與BTS捷運蘇坤蔚線（BTS Sukhmvit Line）的唯一交會點。本站的捷運代碼是CEN，周邊皆是重要的購物中心，包含豪華的Siam Paragon購物中心、年輕人最愛的Siam Center商場、創意十足的Siam Discovery Ceter、泰國版的西門町Siam Square以及Siam Square One購物中心。除了泰國當地學生和民眾之外，這裡也總是擠滿了來自全世界的遊客，非常熱鬧。

Siam Paragon
暹羅百麗宮

曼谷豪華購物商場代表

　　位在BTS Siam站旁的暹羅百麗宮，是曼谷頂級商場代表之一，不僅擁有許多國際精品品牌專門店，如：CHANEL、Cartier、BVLGARI、Hermes等等，還有許多泰國設計師品牌、頂級超市（Gourmet Market）、親子最愛的曼谷海洋世界（SEA LIFE Bangkok Ocean World）、匯聚最多米其林必比登名店的美食街Gourmet Eats、各式餐廳與咖啡廳，以及百麗宮百貨公司（Paragon Department Store），要在這裡逛上一整天都沒問題。

DATA

🏠 991 Rama I Rd, Pathum Wan, Bangkok
☎ 02- 610-8000
🕐 10:00～22:00
🚇 BTS Siam站旁

MAP　　官網

在BTS Siam站就可以看到Siam Paragon大大的標誌

1F&2F　H&M

來自瑞典的時裝品牌H&M，這裡是曼谷的第一間門市，一共有兩層，店內還有專屬的電扶梯。與其他國家不太一樣，因為這裡的顧客來自全世界不同國家，所以可同時買到夏日泳裝和冬季羽絨衣外套，非常特別。

GF　COFFEE BEANS by Dao

由曼谷貴夫人Dao所開的輕食咖啡廳，每到用餐時刻總是客滿。尤其到了假日、周末人潮更是誇張，最少都要等上一、二個小時才會有座位，是深受泰國民眾喜愛的熟悉美味。

GF　TWG Tea salon & boutique

極為氣派的用餐環境，深受泰國上流人士喜愛的精品茶沙龍。除了喝茶之外，還有供應多種選擇的早餐組合、午餐、下午茶套餐和晚餐，每日限量甜點以及泰國獨有的茗茶也不能錯過。

GF　Gourmet Market

泰國最高檔的超市之一，進口食材、調味料、香料或是泰國當地的餅乾、泡麵等等一應俱全，如果在曼谷的時間有限，也可以在這裡購買分送好友的伴手禮。暹羅百麗宮填寫退稅單的地方也在這裡的入口。

GF　AnotherHound

當地年輕人最愛的時尚品牌Greyhound旗下摩登餐廳！店內裝潢充滿創意，怎麼拍照都好看；除了西式創意料理之外，這裡的泰國菜水準極高同樣美味，擺盤也很時髦。推薦必點料理包含香蘭葉炸雞翅、複雜麵以及泰式奶茶！

GF　NARA Thai Cuisine

連續三年榮獲米其林推薦泰國餐廳，遵循泰食譜烹煮，堅持使用泰國傳統食材以及香料，變化出風情萬種的泰式料理，是不會踩雷的美味泰菜好選擇。

GF　SWENSEN'S

最受泰國人喜愛的冰淇淋聖代專門店-雙聖，不僅價格便宜，口味也會隨著不同的季節替換，有時是芒果、草莓或是巧克力冰品主題，每次來這用餐都會讓人感到甜蜜開心。

GF　紅大哥水門雞飯

泰國米其林必比登推薦美味泰式海南雞飯，雖然價格比水門市場的本店高一點，但因為地點便利、環境乾淨又有冷氣，是這裡的熱門攤位之一。

Siam Center
暹羅中心

泰國時尚潮流新面貌

　　暹羅中心是曼谷最老牌的購物中心之一，經過長達18個月的重新打造，再次展現時尚、潮流、前衛、創意與科技多媒體的嶄新融合。主打泰籍設計師原創的服裝品牌、配件、精品文具複合式商店，以及泰國自創的餐廳、甜點店和咖啡廳等等，極為受到當地人和各國遊客歡迎。要了解泰式創意潮流的先鋒、未來的購物體驗為何，絕對不能錯過這裡。

DATA

🏬 979 Rama I Rd, Pathum Wan, Bangkok
☎ 02- 658-1000
🕐 10:00～22:00
🚇 與BTS Siam站
　連結

MAP　　官網

MF　Pomelo

泰國原創的快速時尚服裝品牌Pomelo，要找流行性十足的服裝、配件、女生最愛的鞋款，來這裡就對了，絕對讓你滿載而歸。

1F　Absolute Siam Store

Absolute Siam Store是一間販售創意時尚單品的專門店，與許多泰國的設計師跨界合作，不論是服飾、托特包、文具等等，每樣單品都超級特別，充滿創意！

1F　THE GUNDAM BASE

日本官方認證的鋼彈旗艦店，這是在泰國僅此一家的旗艦門市。提供款式最齊全的鋼彈模型商品、精美實品展示、專業模型製作諮詢等等，還有泰國限定的THE GUNDAM BASE多款獨家限定商品，值得一逛！

2F　Food Factory

如果想吃泰國路邊小吃但又擔心不衛生，來到商場內的美食街是最好選擇。Food Factory裡有許多泰國傳統小吃可以品嘗，像是泰式米粉湯、海南雞飯、泰式炒河粉、泰式奶茶和泰國不同省份的料理，每一道都想吃。

Siam Discovery
暹羅發現

 2F　Loft

店內面積非常大，占了整個樓層1/3面積的Loft，是來自日本超知名的文具、禮物、生活小物專門店！針對不同節日都會推出相關的應景主題，商品種類非常豐富，超好逛。

4F　Madame Tussauds Bangkok

位於4樓的杜莎夫人蠟館館（Madame Tussauds Bangkok），不定期都會有新的蠟像展出，尤其是泰國明星的蠟像，像是馬力歐（Mario Maurer）、泰國經典電影《下一站說愛你》的男主角Ken Theeradej只有這裡有，大人票價฿990起。

MF　AMBUSH

位在DISCOVERY SELECTION專區內，擁有目前在國際時尚領域最夯的品牌AMBUSH。AMBUSH也有和各大國際精品聯名，推出許多限量商品，不妨來這挖寶看看。

創意生活購物大本營

與其它購物中心相比，全新整修的暹羅發現（Siam Discovery）多了年輕、設計、摩登、超未來的氣息。除了國際時尚品牌如COMME des GARCONS、ISSEY MIYAKE、PAUL SMITH等等之外，還有泰國當地的ODS（OBJECTS OF DESIRE STORE）選品店、飾品、來自日本的創意文具旗艦品牌Loft，多主題餐廳、咖啡廳、傢俱店一應俱全。

DATA

- 194 Phaya Thai Rd, Pathum Wan, Bangkok
- ☎ 02- 658-1000
- ⏰ 10:00～21:00
- 🚇 可從BTS National Stadium站進入，有Sky Walk連接；與Siam Center購物中心有通道直達

MAP

官網

Siam Square
暹羅廣場

年輕人大本營暹羅廣場

這是曼谷學生、年輕人流行最重要的發源地「暹羅廣場」，在暹羅廣場一號（Siam Square One）開幕之後，雖然改變了部分樣貌，但仍有許多經典名店屹立不搖，與新店相互呼應，為暹羅廣場增添光彩。近期本區大力改造，把電線全面地下化，展現出全新摩登面貌。

─── *DATA* ───

🏠 1 Siam Square Soi 7, Pathum Wan, Bangkok
☎ 02- 255-9994
🕐 10:00～22:00
🚇 BTS Siam站2、4、6號出口皆可通達

MAP　官網

GENTLEWOMAN

曼谷當地快時尚品牌「GENTLEWOMAN」，曼谷最大旗艦門市！賦予所有形式的女性氣質、美麗和個性，鼓勵女性變得自信、聰明和獨立。主打休閒時裝、運動服裝、泳裝和各種配件，經常斷貨，看到喜歡的商品就要馬上下手！

MISTINE

泰國最知名的經典美妝品牌「MISTINE」旗艦門市，是所有遊客到泰國必買的眼線筆、睫毛膏第一品牌！不會隨著汗水暈染，就算在一年四季如夏的泰國，仍然可以讓泰國女孩們保持美麗的眼神，這就是「MISTINE」仍然屹立不搖的原因！

SOM TAM นัว

以泰國東北炸雞、青木瓜沙拉、糯米飯知名的泰國小吃料理店SOM TAM NUA，深受亞洲、歐美遊客的喜愛。即使吃得滿頭大汗、滿口酸辣，但還是讓人忍不住一口接一口，魅力十足。

Inter Restaurant

創立於西元1981年、每到用餐時刻總是一位難求的「Inter Restaurant」，是暹羅廣場非常受到歡迎的泰式美食餐廳。涼拌生蝦、泰式鳳梨炒飯、綠咖哩雞等，雖然是泰國常見的家常料理卻都非常美味，價格也很合理，點再多也不用擔心荷包。

Mango Tango

到泰國就要吃芒果！曼谷最為知名的芒果甜品店就是「Mango Tango（芒果探戈）」，主打各式與芒果相關的飲料與創意冰品。無論是芒果與百香果的特調飲料、芒果奇異果火龍果拼盤，或是最美味的芒果糯米飯加上一球Mango Tango特製芒果冰淇淋，絕對是消暑的最佳良品。

Siam Pandan

暹羅廣場老牌的泰式傳統甜點鋪，開業至今超過30年以上，是許多泰國人從小吃到大的甜點店。除了卡士達、香蘭葉、椰絲口味的鬆餅捲之外，最受到歡迎的還是與店家同名的香蘭葉蛋糕，經常完售，想要品嘗到的話，一定要趁早過來買！

Siam Square One
暹羅廣場一號

暹羅廣場熱門地標

　　位於暹羅廣場的熱門地標——暹羅廣場一號，是個新概念的都會購物商場。不同於以前的暹羅廣場，全新的暹羅廣場一號，重新規畫每個樓層，加入科技、多媒體的概念。除了泰國當地的設計品牌外，還加入許多泰國知名餐廳，非常便利。

DATA

🏢 388 Rama I Rd, Pathum Wan, Bangkok
☎ 02- 255-9994　🕐 10:30～22:00
🚇 搭乘至BTS Siam站，站在捷運站裡就能看到Siam Square One在旁邊

MAP

官網

4F　建興酒家Somboon Seafood

以咖哩炒蟹聞名的泰國名店「建興酒家（Somboon Seafood）」，位在暹羅廣場一號的分店，地點便利，讓旅客用餐更為方便。如果餐廳客滿時可先到附近逛逛，然後再回到餐廳用餐，節省寶貴的旅遊時間。

5F　Akiyoshi秋吉

深受泰國學生或情侶喜愛的Akiyoshi秋吉日本料理，在這間分店是以涮涮鍋和壽喜燒（Shabu Suki）吃到飽的形式經營，無論何時來到這裡，總是能看到滿滿的人潮。如果胃口不錯，還可以單點各式壽司、生魚片。不定時推出限定優惠，可以多加留意。

LGF　niko and …

日本知名潮牌niko and…曼谷首店！除了男女裝之外，還有許多配件、文具、生活小物，另有一間專屬的咖啡廳，逛累了可以來這坐坐歇歇腿。除此還售有許多泰國的限定商品，千萬不要錯過。

6F　Let's Relax

逛街逛累了，可以來這裡享受各種按摩。但最特別的應該是腳底按摩的專屬區域，在按摩的同時，可以看到BTS Siam站上的人潮，還有對面的Siam Paragon購物中心，景色特別是非常有趣的體驗。（腳底按摩45分鐘，฿500）

都市綠洲般超豪華酒店

暹邏凱賓斯基酒店

Siam Kempinski Hotel Bangkok

　　來自歐洲歷史最古老的豪華五星酒店品牌－凱賓斯基（Kempinski），在泰國曼谷的第一間豪華酒店「Siam Kempinski Hotel Bangkok」暹邏凱賓斯基酒店，位於曼谷市區最精華最方便的購物中心區BTS Siam暹邏站，只要走幾步路即可到達「Siam Paragon」暹邏百麗宮和「Siam Center」暹邏中心，如果到曼谷旅行目的是到血拼、逛街、喝下午茶的話，入住這裡絕對是最棒的選擇！

　　擁有303間各式豪華客房、套房以及總統套房，只要一踏進擁有高達14公尺的酒店大廳時，任何人都會立刻被這的豪華大氣吸引目光。整座酒店以歐式庭園為設計概念，到處都可看到綠意盎然的植栽及泳池，另一亮點是以蓮花為概念的裝飾與畫作貫穿整個飯店，點綴出悠閒氣圍。部分客房還提供了從一樓房間客廳，可以直接走入游泳池的設計，一般是在華欣、蘇美、普吉度假村才會有的設計，沒想到在曼谷市中心也能體驗到，非常少見，極為適合情侶、家庭入住體驗。

───── *DATA* ─────

🏢 991/9 Rama I Rd, Pathum Wan, Bangkok
☎ 02-162-9000　🕐 **IN** 15:00 **OU** 12:00
🛏 雙人房約฿8,000起　🚇 BTS Siam站，穿過Siam
　　Paragon購物中心即可到達
📶 Wi-Fi無線網路：
　　客房與公共區域
　　免費

　　MAP　　　官網

1 從房間就可以直接走入游泳池，超方便。　2 彷彿置身歐洲酒店般的豪華風格。3 極為奢華挑高酒店大廳。4 ALATi餐廳由義籍主廚Chef Carlo Valenziano掌杓，展現造訪義大利與西班牙、法國和土耳其旅程中汲取靈感所創作出的美味料理。5 6 酒店客房都可看到蓮花畫作點綴於牆上。

135

米其林一星摩登泰國料理餐廳

Sra Bua
by kiin kiin

擁有這一顆米其林星星的摩登泰國菜餐廳「Sra Bua by kiin kiin」，是由位於丹麥哥本哈根的米其林kiin kiin泰菜餐廳與「Siam Kempinski Hotel Bangkok」暹羅凱賓斯基酒店合作，由丹麥泰菜名廚Chef Henrik Yde-Anderson發想菜單，以求呈現百分之百米其林佳餚與頂級服務。

一推開「Sra Bua by kiin kiin」的大門，竟然有一座氣派的泰國傳統涼亭可在裡邊用餐，四周還有幽靜的白色蓮花池。據說在暹羅凱賓斯基酒店落成之前，這裡原本就是一座蓮花池，設計師藉由這個傳說發揮巧思，再現泰式新風貌，能在如此特別的美麗的環境用餐，是不是讓人更加胃口大開？餐點部分提供單點菜單以及每季更換內容的套餐形式。套餐從四道、六道或七道料理都有，以起、承、轉、合的手法，使用泰國當令的食材，保留傳統泰國菜的熟悉味道，從泰國街頭小吃開胃菜一直到甜點，賦予料理全新的、精緻的現代餐飲面貌。例如看起來像是一個盆栽，沒想到是泰式咖哩；被泡沫包裹起來的沙拉，品嚐起來有泰國酸辣蝦湯的味道。優雅的呈現每道料理，把泰菜提升到全新的高度，展現經典泰菜的創意摩登新面貌。

DATA

- 🏠 991/9 Rama I Rd, Pathum Wan, Bangkok
- ☎ 02-162-9000
- 🕐 12:00～15:00 中餐，18:00～24:00 晚餐
- 💰 ฿2,600起（外加10%服務費與7%政府稅）
- 🚇 BTS Siam站步行5分鐘
- 📋 有dress code，不接受背心、短褲與拖鞋；菜單不定期更換；有素食餐點；有提供酒或無酒精特調飲Pairing

MAP　　官網

---

1 十分美味的「緬因龍蝦沙拉佐冷凍紅咖哩泡沫」招牌餐點。 **2** 冰凍版的泰式酸辣蝦湯，創意十足。 **3** 米其林一星芒果糯米飯，一定要嚐嚐。 **4** 豪華版泰國開胃菜Mieng Kam一口包（面康）。 **5** 奢華泰式用餐空間。

BTS 奇隆站 Chit Lom E1

BTS Chit Lom（奇隆站）的代碼是E1、位於BTS Sukhumvit Line（蘇坤蔚線）上。本站Central World、GAYSORN VILLAGE、Central Chidlom、BIG C SUPERCENTER、Super Rich都在附近，百貨公司購物商場林立，五星級酒店也都在附近。除此之外，泰國最重要的宗教信仰四面佛（Erawan Shrine）就在這裡，可以從早逛到晚，精彩無比。

Central World
尚泰世界購物中心

曼谷必逛超大購物中心

　　擁有超過500間各種商店與100間以上的餐廳！來自紐約全泰國第一間「Shake Shack」、摩登「%」咖啡、全泰國第一間「NITORI」日本宜得利家居、占地最大「H&M HOME」，還有許多泰國當地設計師品牌，都在這裡。香氛、家飾、配件、內衣、文具禮品、泳裝、童裝、曼谷包、各式鞋款等等，在這也都可以找到，逛累了還可以享用下午茶或用餐，甚至是看場電影或者享受泰式按摩，超市還有伴手禮專區、超大美食廣場，非常齊全。

⎯⎯ DATA ⎯⎯

🏠 999/9 Rama I Rd, Pathum Wan, Bangkok
☎ 02-640-7000
🕙 10:00～22:00
🚇 BTS Chit Lom 站

MAP　　官網

1F　Shake Shack

創立於2001年紐約最美味的漢堡「Shake Shack」，終於在2023年3月30日登陸曼谷，首店就在Central World！除了經典「ShackBurger」漢堡、「Fifty/Fitfy」飲料之外，只有泰國才有「Shake Shack」期間限定的「Pandan Sticky Rice Shake」（฿230）香蘭葉糯米奶昔，更是讓人驚喜，絕對要來試試。

1F　H&M HOME

這是來自瑞典的快時尚服裝品牌H&M，在曼谷的第一間「H&M HOME」，不僅店內面積極大，還有許多曼谷獨有的餐具、家飾，不僅商品選擇多，花紋圖案選擇也更多，最棒的是不時還會有低至50%OFF的折扣，讓人太開心。

1F　COMMA AND

全新複合式選品店「COMMA AND」，在這裡可以看到將近一百個品牌，除了泰國知名設計師ISSUE、PAINKILLER、27NOV、KLOSET、LEISURE PROJECTS等等，還有許多泰國新銳設計師的服裝、文具小物以及3C商品。一旁還有可造型理髮Barber Shop，非常酷的概念。

2F　PULL & BEAR

隸屬Zara的年輕副牌，因為曼谷有來自全世界的遊客，除了主打夏季背心、T恤、短褲、短裙、小洋裝及多樣的配件和泳裝之外，還有販售冬季外套、毛衣、圍巾類的商品，消費超過฿2000還可退稅，非常划算，詳情請詢問櫃台。

2F　CPS CHAPS

提到泰國牛仔褲品牌，第一個想到的絕對是「CPS CHAPS」。品牌不分季節重點，而是希望顧客能以「單品」來發想、展現每一季的自我時尚。在服裝的細節上來反映每一季的潮流，讓顧客可以選擇自己想要的穿著打扮，個人風格展現無遺。

3F　Chateraise

這裡原本是日本老牌伊勢丹百貨的原址，在伊勢丹退出曼谷之後，這裡由Central World接手原本的部分店家，同樣主打日式風格生活！位在3F的「Chateraise」莎得徠茲，是來自日本的甜點連鎖店，販賣日本直送蛋糕、銅鑼燒、閃電泡芙等，非常好吃。

6F　Kinokuniya

「Kinokuniya」紀伊國屋書店是日本老牌書店，此處為曼谷最新最大的旗艦書店，在這裡可以找到許多日本進口的書籍、雜誌、文具。裡面還有一間K COFFEE BY UCC，不僅咖啡好喝，現做的鬆餅同樣美味。

7F　Khao Jaan-Prod

這是來自米其林一星泰菜餐廳Khao（Ekkamai）的姊妹店「Khao Jaan-Prod」、位在Central World的最新分店。在宛如綠色溫室的美麗環境下，享用來自泰國各地食材烹製而成，美味的新派泰式料理。

1F　Trimurti Shrine

泰國愛神！這是來自印度的「特里穆提神（Trimurti Shrine）」，掌管愛情。許多單身男女會來祈求遇到另一半，若已結婚也可祈求婚姻幸福、生活美滿。需供奉九支紅香、紅蠟燭一對、紅玫瑰九朵或一串紅玫瑰即可，現場皆有販售。

1F　Ganesh

愛神隔壁的象神（Ganesha），同樣來自印度，是掌管財富與藝術之神，像是事業成功、演藝事業成名等等，所以許多與藝術、設計、電影、音樂與美學相關人士，都會來此朝聖。許多泰國電影開拍或唱片發行，也必定會來此祈求一番。

GAYSORN VILLAGE
蓋頌生活購物商城

經典高檔百貨

　　蓋頌生活購物商城算是泰國最早的精品百貨之一，雖然整體面積不大，但仍有許多獨家的精品品牌、米其林餐廳以及泰國當地香氛品牌的水療中心，如PAÑPURI Wellness，從BTS Chit Lom 奇隆站就可走到商場內，逛起來更為方便。

DATA

🏠 999 Phloen Chit Rd, Lumphini, Pathum Wan, Bangkok
☎ 02-656-1149
🕐 10:00～22:00
🚇 從BTS Chit Lom 站就可走到商場內

 MAP
 官網

1F 　1823 Tea Lounge by Ronnefeldt

成立於1823年隆納菲（Ronnefeldt）是來自德國的百年茗茶品牌，不僅是泰國獨家、同時也是全世界唯一的Tea Lounge就在這裡，以金色和大理石紋貫穿整個茶室，展現華麗風格！「The Morgentau」以綠茶為基底，加入花瓣、芒果和檸檬，是最受歡迎的茶品，除此之外還有曼谷限定的茗茶也不可錯過。除了蛋糕、甜點、三明治、義大利麵等輕食之外，「1823 Gold Indulgence high tea」是最受歡迎的經典下午茶，這裡非常熱門總是客滿，建議提前預訂座位。

4F 　拉克什米（Goddess Lakshmi Shrine）

因為商場電扶梯只到3樓，必須要搭乘電梯前來，才能看到位於GAYSORN辦公室外外邊的吉祥女神──拉克什米。拉克什米女神掌管著美貌、財富和幸運，泰國人會在此供奉錢幣或是象徵財富的物品，或是蓮花、甘蔗及甘蔗汁。

尚泰集團原點

尚泰奇隆百貨

Central Chidlom

　　與曼谷BTS Chit Lom站直接連結的「Central Chidlom」尚泰奇隆百貨，雖然它的外觀看起來不是很氣派、新穎，但事實上這裡可是曼谷數一數二、極為重要的百貨地標之一，因為這裡擁有許多曼谷、甚至是全泰國唯一、國際品牌旗艦店。尤其是全新打造的美食街非常特別，風格極為現代摩登，一定要來這裡看看。

架上展示著從紐約紅回泰國的時尚品牌「BOYY」，與當季最流行的各式包款。

其他國家少見的男裝品牌一應俱全。

── *DATA* ──

📍 1027 Phloen Chit Rd, Lumphini, Pathum Wan, Bangkok
☎ 02-793-7777
🕙 10:00～22:00
🚆 BTS Chit Lom 站

MAP

官網

BIG C SUPERCENTER

遊客最愛 伴手禮大本營

大C量販中心
BIG C SUPER CENTER

只要提到「BIG C SUPER CENTER」，應該就會聯想到是採購伴手禮的大本營。它是曼谷最大型的連鎖超市量販店，只要是想得到、想要搬回家的泰國餅乾、零食、泡麵、飲料、烹飪調理包等等，可能不是最便宜，但在這裡可以一次購足，省時便利。單次結帳金額消費超過฿2,000，現場還可填寫退稅單到機場退稅，非常方便，營業到午夜12點。這裡的塑膠袋、環保購物袋需要額外收費，尼克建議自行準備大型環保購物袋。

― *DATA* ―

🏠 97/11 Ratchadamri Rd, Lumphini, Pathum Wan, Bangkok
☎ 02-250-4948
🕐 09:00～00:00
🚇 Central World 購物中心正對面

MAP 　 官網

泰國LOTTE獨家芒果口味小熊餅乾，絕對要入手。

― *DATA* ―

🏠 67.69 Ratchadamri Rd, Bangkok
☎ 02-057-8888 🕐 09:00～18:00（周日與國定假日休息）
🚶 從BIG C往水門方向直走，第二條巷子右彎即可看到

MAP 　 官網

換錢最棒去處

Super Rich

這是大家熟知BIG C量販中心隔壁橘色「Super Rich」Rajadumri 分行，在這裡兌換泰銖的匯率非常不錯，建議可先手機下載Super Rich App，查詢當日匯率，這是連泰國人也會來匯兌的好地方。外國遊客可別忘記攜帶護照，才可以匯兌換泰銖（店家會影印存檔）。

這就是Super Rich大門口的樣子，非常好認。

曼谷市中心美食旗艦據點

The Mercury Ville

位在BTS Chit Lom站旁，這棟亮紅色的「The Mercury Ville」，是一個主打多國料理的商場。位在商業區，當地上班族是消費主力，但因為地點便利選擇也多，同樣受到遊客喜愛。

DATA

🏠 540 Phloen Chit Rd, Lumphini, Pathum Wan, Bangkok
☎ 02-658-6218
🕐 10:00～22:00
🚇 BTS Chit Lom站4號出口旁

MAP

最強天神代表

天神毗濕奴 *Vishnu*

座騎是鷹神的「天神毗濕奴」，地位崇高，祂是仁慈和善良的化身，具有無所不能的力量，保護及維持著宇宙秩序。毗濕奴能夠保護信眾身體平安健康，事業工作成功，不贊成殺生，可用九柱香、一支香燭和花環供奉。

DATA

🚇 BTS Chit Lom站，曼谷洲際飯店外

MAP

保佑事業成功

天神因陀羅 *Indra Shrine*

天神因陀羅是掌管風、雨以及閃電的雷神。參拜天神因陀羅的信徒，大部分是祈求事業能成功、身體健康和心想事成，對於事業有幫助，趨吉避凶，因此也被認為是掌管人類的天神。

DATA

🚇 BTS Chit Lom站

MAP

善良和母性

雪山神女 *Uma*

位於BIC C門口，在這座金色圓頂的神廟，雪山神女（Uma）就位於其中。雪山神女是雪山神（喜馬拉雅山）的女兒，也是象神的母親，有著絕世美貌，雪山神女主要代表了善良和母性的一面。

DATA

🚇 BIG C一樓大門入口旁

MAP

位於BIG C一樓，24小時都可前來參拜。

逛街購物 便利酒店

水門伯克利酒店
The Berkeley Hotel Pratunam

　　位在熱鬧購物區的──水門伯克利酒店，走路就可到達帕拉姆世界購物中心（The Palladium World Shopping Centre）和白金時尚購物中心（The Platinum Fashion Mall）等著名批發購物中心。酒店對面還有曼谷知名的水門海南雞飯，晚上旁邊就有夜市，讓你從白天可以一路逛到晚上。

DATA

- 🏠 559 Ratchaprarop Rd, Makkasan, Ratchathewi, Bangkok
- ☎ 02-309-9999　🕐 **IN** 15:00；**OUT** 12:00
- 🛏 雙人房約฿4,000起
- 🚆 BTS Chit Lom 站步行約15分鐘

MAP　　官網

3C賣場就在隔壁

水門中心點飯店
Centre Point Hotel Pratunam

　　水門中心點飯店位在白金時尚購物中心（The Platinum Fashion Mall）曼谷知名3C賣場Pantip IT Plaza對面，酒店提供曼谷少見的6人房和8人房型。酒店距離與機場快線連接的BTS 帕亞泰站（BTS Phaya Thai）也只要10分鐘的距離，前往蘇凡納布國際機場非常方便。

鬧中取靜的酒店泳池。

酒店可遠眺曼谷美麗早晨景色。

DATA

- 🏠 6 Soi Phetchaburi 15, Thanon Phaya Thai, Ratchathewi, Bangkok
- ☎ 02-653-6690　🕐 **IN** 14:00；**OUT** 12:00
- 🛏 雙人房約฿3,000起
- 🚆 自BTS Phaya Thai站步行約10分鐘

MAP　　官網

โรงแรม เซนเตอร์ พอยต์

Centre Point
HOTEL
CHIDLOM · BANGKOK

親子友善公寓式酒店

奇隆中心點酒店
Centre Point Hotel Chidlom

DATA

📍 60 Lang Suan 1 Alley, Lumphini, Pathum Wan, Bangkok ☎ 02-657-2400

🕐 IN 14:00；OUT 12:00   💰 雙人房約฿2,800起

🚇 BTS Chit Lom站，步行約15分鐘，建議搭乘計程車或酒店免費接駁嘟嘟車(TUK TUK)出入較為方便

📶 Wi-Fi無線網路：公共區域與客房免費

MAP　　官網

　　離曼谷的中央公園——Lumpini公園不遠的「Centre Point Hotel Chidlom」奇隆中心點酒店，位在曼谷最美的Langsuan路上，這裡非常適合喜歡在綠色圍繞之下散步的旅人。

　　酒店內的部分房型設有廚房設備，可以到附近的超市購買食材料理一番。泳池有室內遮蔽設計，在這游泳也不會曬得太熱。另外還有專屬兒童的俱樂部（KIDS ROOM），小朋友會非常開心。如果要從酒店前往最近的BTS捷運站也不用擔心，這裡有提供免費的TUK TUK車接送服務極為貼心。

泰國信仰代表大梵天王

四面佛
หศาลพระพรหมม
Erawan Shrine

DATA

📍 Retchadamri 路和PhloenChit 路交岔口，近
BTS Chit Lom站／BTS Chit Lom站2號出口
直走5分鐘即到達

🕐 09:30～22:00

📋 據說每個星期四的晚上來這
參拜是最為靈驗，所以遊客
也最多

官網

如何拜四面佛（How to Pray Erawan Shrine）

要拜四面佛，準備十二柱香（現在無法點香、直接插香即可）帶上花束或花環。參拜順序，由入口第一面開始拜起，依順時鐘方向繞拜祈願，每面許願之後，都要插香三柱、蠟燭一柱與獻花，也有信眾會貼金箔在柱子上。正面、左面、背面與右面分別代表著「事業」、「愛情」、「財運」、「健康」。拜完之後，最後回到正面拜三下即大功告成。四面佛如果幫忙願望實現或靈驗圓滿，一定要記得再來這裡還願喔！

到曼谷，絕對不能錯過的地方就在這裡！身為全曼谷、甚至是泰國最重要的宗教信仰中心，也就是大家所熟知的「四面佛大梵天王」，位於伊拉旺（Erawan Bangkok）購物中心旁以及蓋頌生活購物商城（Gaysorn Village）購物中心對面，Retchadamri路和PhloenChit路交岔口的這尊伊拉旺四面佛非常靈驗，全亞洲、全世界知名！

會在這個地方供奉這尊四面佛是有原因的，據說在1956年時，當時正在興建伊拉旺酒店（Erawan Hotel），也就是現在的Grand Hyatt Erawan Bangkok，發生了一些不幸事故，於是旅館就請來了一名道士作法，依他的建議供奉了這一尊四面佛，沒想到，從此之後一切平安順利。根據維基百科的解說，四面佛是印度婆羅門教神祇，原是婆羅門教三大主神之一的梵天，是創造天地之神。在東南亞、泰國被認為是法力無邊，掌握人間榮華富貴的神；其四面分別朝向東南西北，供信眾祈福。

這裡每天都有來自世界各國、尤其是亞洲的遊客和泰國當地民眾到此膜拜。參拜四面佛的香燭與供花，可以到裡邊右手邊、

綠色屋頂下的專屬攤位購買，說中文都會通，價格也合理，從฿50到฿1,000不等。尼克不建議大家在欄杆外邊購買，價格可能會被哄抬。伊拉旺四面佛是極為靈驗，如果祈求後願望達成之後，就看當初是如何與四面佛祈求，還願內容不拘，不論是獻花、大象雕刻，或是獻上泰國傳統酬神舞皆可。

這裡晚上11:00之後會關門，但還是有許多當地人、遊客在欄杆外頭參拜。但如果信仰不同，來這看看參觀也可，因為四面佛是泰國傳統文化裡，極為重要的信仰代表之一，有機會一定要來親自參觀。在每年11月9日是四面佛的生日，慶祝更為盛況空前，擠滿許多來自國內外的信徒、藝人、明星一起為四面佛慶生，好不熱鬧！

泰國貴婦百貨「盛泰領使商場（Central Embassy）」、「泰版蔦屋書店（OPEN HOUSE）」、頂級酒店「曼谷柏悅酒店（Park Hyatt Bangkok）」都在本站。BTS Phloen Chit（菲隆奇站）的代號是E2，位於BTS Sukhumvit Line（蘇坤蔚線）上，這裡因為靠近泰國大使館區，所以有著曼谷少見的林蔭大道，走在這裡會發現多了一份悠閒感。上下班時段或是下雨時候，此路段塞車會非常嚴重，尼克建議可以多使用大眾交通工具較為便利。

CENTRAL EMBASSY
尚泰領使商場

曼谷旗艦貴婦百貨

　　曼谷奢華「尚泰領使商場」，原址是前英國領事館、是泰國百貨集團「CENTRAL GROUP」，針對泰國當地及來自全世界的頂級客人所全新打造，最齊全的頂級奢華購物中心。CHANEL、HERMES、Gucci、BURBERRY等等，多達200間以上的國際精品名店，還有多間首次進入泰國，在國際間極受歡迎的品牌，Christian Louboutin、BERLUTI、JIMMY CHOO、TOM FORD等等，位於上方的「曼谷柏悅酒店」超頂級酒店，同樣不可錯過！

DATA

- 🏢 1031 Phloen Chit Rd, Pathum Wan, Bangkok
- ☎ 02-119-7777
- 🕐 10:00～22:00
- 🚇 與BTS Phloen Chit站連接

MAP

官網

1F　PAUL

以麵包、甜點聞名世界來自法國的「PAUL」，在曼谷搖身一變成為精品餐廳代名詞！除了熱門的美味麵包可以外帶、賞心悅目的甜點午茶可在餐廳內享用，午餐晚餐時段還有提供高水準的美味餐點！其中法國的招牌海鮮「Mussel white wine白酒淡菜」是每位顧客必點的佳餚。

5F　SIWILAI CAFE

希望引領泰國咖啡的風潮，是「SIWILAI CAFE」的使命，提供多樣化和咖啡師每日特擇的咖啡

豆！採購產自泰國本地的咖啡豆，希望能夠為泰國北部不同地區的農民提供支持，致力全世界顧客提供泰國當地最好的咖啡與甜點。

5F　SOM TAM NUA

曼谷熱門泰菜餐廳「Som Tam Nua」，主打泰國東北Isann料理，是Siam Square暹羅廣場的熱門地標，每到用餐時刻總是客滿！在CENTRAL EMBASSY商場內的分店，提供優雅的用餐環境，必點的青木瓜沙拉、泰式炸雞，深受每一位客人的喜愛。

5F　SIWILAI CITY CLUB

如此美麗的地方是哪裡呢？原來這就是位在曼谷「Central Embassy」購物中心內的5樓，宛如一個都會綠洲般存在「SIWILAI CITY CLUB」。創辦人Mr. Barom Bhicharnchitr先生，同時也是「SIWILAI」、「SIWILAI CAFE」的老闆，希望塑造的是一個全新休閒觀念，在這裡可以享受

到放鬆以及美好的時光。活在當下、享受每一刻，在一個極大的開放戶外空間享受曼谷的美麗夕陽。

LGF　Bangkok Bold Kitchen

獲得米其林必比登推薦的「Bangkok Bold Kitchen」，從泰國的老城區開到摩登的時髦百貨內。主廚Nhoi希望透過單純卻又大膽的烹飪手法，讓顧客品嘗到傳統泰式料理的新風味。

LGF　Eathai美食廣場

泰國北部、東北、南部、中部的代表料理，全部都在「Eathai」裡。放眼望去都是懷舊古早的泰式風格裝潢，耳邊聽到的都是鄉村音樂，如此環

境下享用泰國經典清邁咖哩麵、泰南馬沙曼咖哩、東北烤雞涼拌青木瓜等等，不禁讓人食慾全開。

LGF　Eathai概念超市

伴手禮大本營！超過數千種的泰國國產（Made in Thailand）商品，零食、水果乾、調味料、香氛商品等等，還有泰國Royal Project Foundation所協助發展的地方農產品、日常用品等等，消費也能幫助泰國偏遠地區發展。

DATA

🏠 2 Witthayu Rd, Bangkok

☎ 02-666-3333

🕐 12:00～15:00 中餐、
17:30～20:00 晚餐

🚇 BTS Phloen Chit站步行約
15分鐘。

MAP　　官網

泰國星級主廚Chef Ian
Kittichai。

星級名廚 新餐廳登場

Khum Hom
養生泰餐廳

　　由泰國星級主廚Chef Ian Kittichai所操刀「Khum Hom」餐廳位在主打養生的「Movenpick BDMS Wellness Resort Bangkok」渡假村內。料理堅持使用泰國在地有機食材與當季香料。「Khum Hom」泰語是「芬芳佳餚」之意，主廚用心製作每道料理，融合泰國數百年來的美食文化底蘊。主廚改良傳統泰國椰子甜點，享用起來更加清爽無負擔，為炎熱的天氣降降暑氣！

1改良傳統泰國椰子甜點，味道清爽。　2使用來自
Ayutthaya大城的招牌河蝦、肉質媲美龍蝦，十分美味。

主打泰國傳統甜點

Metro On Wireless
摩登泰式下午茶

位在主打文青風格，「Hotel Indigo Bangkok Wireless Road」曼谷英迪格酒店內2樓的「Metro on Wireless」餐廳，這裡除了供應泰式午餐、晚餐之外，招牌「泰國古典風格雙人下午茶套餐」฿850起，因為價格實惠，非常受到歐亞遊客的歡迎！下午茶以泰式點心為主，鹹點像是雞肉沙嗲、泰式鮮蝦炸春捲；甜點包含芒果糯米、綠豆沙小點心、柳橙烤布蕾、司康等等，最棒的是飲料還可喝到飽。無論是泰式奶茶、拿鐵、卡布奇諾、抹茶奶綠、巧克力、洋甘菊茶、綠茶等等全部都可以喝一輪，讓人好開心！

DATA

🏠 81 Witthayu Rd, Lumphini, Pathum Wan, Bangkok
☎ 02-207-4999
🕐 06:30～10:30、12:00～22:00
🚇 BTS Phloen Chit站步行約5分鐘

MAP　　　官網

1 份量超多，鹹甜點美味好吃。
2 泰式風格下午茶，上餐之後服務人員會中間加入乾冰，營造仙境的感覺。 3 超好拍照的餐廳室內空間。

必吃百年泰菜

Ma Masion

　　繼承了泰國百萬富翁「Nai Lert」奈特家族夫人「Khunying Sinn」在西元1920年創作的獨特食譜，「Ma Masion」要將這個百年家族的美味與大家分享！在「Nai Lert Park Heritage Home」公園無價的氣氛包圍下，讓用餐體驗更為加分。

　　時至今日，「Khunying Sinn」夫人的招牌料理仍然大受歡迎，包含「Mee Nham Park Nai Lert」脆皮蝦仁粉絲湯、「Hor Mok Khao-Hor Mok Pla」香蕉葉蒸米飯和咖哩魚等等，在經典與現代相得益彰的優雅餐廳內持續供應著。

全部使用鮮花佈置，極為美麗的餐廳。

》》》》 **DATA** 《《《《

🗺 4 Soi Somkid Lumphini, Pathum Wan, Bangkok ☎ 02-655-4773
🕐 11:00～14:00、18:00～21:30
💰 ฿800起
🚇 BTS Phloen Chit站步行約8分鐘

MAP　　　官網

知名咖啡品牌 綠意新分店

%

　　隱身在這棟全新擁有61層的摩天大樓一樓，「% Arabica OCC」One City Centre分店，有著大面的綠色植生牆，與曼谷其他分店有著不同的自然氛圍！這裡的每一杯咖啡都是由 % Arabica認證咖啡師們，以精湛的製作技巧完成，非常注重細節，帶來美味的咖啡。店鋪位在「Central Embassy」盛泰領使商場馬路正對面，這邊也有販售%相關周邊商品。

》》》》 **DATA** 《《《《

🗺 548 Phloen Chit Rd, Lumphini, Pathum Wan, Bangkok
🚇 BTS Phloen Chit站步行約5分鐘

MAP　　　IG帳號

擁有最多知名餐廳經典酒店

曼谷JW萬豪酒店

JW Marriott Hotel Bangkok

萬豪酒店頂級品牌「JW Marriott Hotel Bangkok」曼谷JW萬豪酒店，泰式風格大廳最引人注目。如果預算許可，

入住全新打造的尊榮行政樓層（Executive level），可以體驗更多服務。酒店內餐廳獲獎無數，像是以美味牛排出名「New York Steakhouse」、日本料理「Tsu Japanese Restaurant」、鐵板燒「Nami Teppanyaki Bar」、中國菜「Man Ho Chinese Restaurant」、以及酒吧「Manhattan Bar」和無國界料理「JW Cafe」，每一間都非常熱門。

曼谷首間日本血統頂級酒店

曼谷大倉新頤飯店

The Okura Prestige Bangkok

來自日本知名酒店集團，首次進入泰國曼谷的第一個作品，「The Okura Prestige Bangkok」曼谷大倉新頤飯店。以純正日式血統與服務為訴求，一開幕就造成轟動。酒店內「Yamazato」山里日本料理，邀請日本主廚坐鎮，使用日本空運食材話題十足。「The Okura Spa」大倉水療（The Okura Spa）經典水療課程（Singature spa），使用溫熱的竹子為客人按摩，讓壓力和肌肉都能得到百

分之百的放鬆，加倍舒緩效果，讓曼谷假期更為完美。

BTS 那那站
Nana E3

周邊是曼谷最早發展的商業區之一，各國美食餐廳、SPA水療、夜店、旅館林立，從早到晚都非常熱鬧。鄰近小中東區，異國風味十足。

福聯24小時超市
Foodland Supermarket

雖然不是很豪華的超市，但卻什麼東西都可買到！泰國少見的24小時營業超市，對於當地居民和遊客來說都非常方便，還可在此採買伴手禮，價格合理。裡面有間同樣24小時營業的餐館「TOOK LAE DEE」，不管是美式早餐、泰國料理、中式簡餐都有，便宜美味。

─ DATA ─

🏠 87 Sukhumvit 5 Alley, Khlong Toei Nuea, Watthana, Bangkok
☎ 02-254-2179
🕐 24小時

MAP

古典
美食饗宴

Market Café by Khao

古典泰式午茶饗宴！「Hyatt Regency Bangkok Sukhumvit」曼谷蘇昆蔚凱悅酒店4樓內的「Market Café by Khao」，供應主廚Chef Khao精心烹製泰式菜餚以及新創食譜。

每日14:00～17:00供應的泰式午茶也是美麗無比，以泰國傳統古式點心為發想，十分賞心悅目。雙人下午茶套餐฿1,988起。

─ DATA ─

🏠 4/F,1 Soi Sukhumvit 13, Khlong Toei Nuea, Watthana, Bangkok
☎ 02-098-1346
🕐 12:00～22:30
🚆 與BTS Nana站連結

MAP　　官網

泰國超知名水療
Divana Nurture Spa

每一間水療中心都自己的特色！泰國知名水療品牌的分店之一「Divana Nurture Spa」，擁有讓人驚嘆的大片綠色庭園。一踏入這裡，就讓人感到極為放鬆，連泰國超知名的一線明星——馬力歐（Mario Maurer）也曾來過這裡體驗水療。療程結束之後這裡也可安排TUK TUK車送到BTS捷運站，非常貼心。

DATA

🏠 71 Sukhumvit 11 Alley, Khlong Toei Nuea, Watthana, Bangkok
☎ 02-651-2916　🕙 10:00～23:00
🚇 自BTS Nana站步約15分鐘，或可預約店家車輛接送服務

MAP　　官網

商務人士最愛
中心點蘇昆蔚 10號酒店
Centre Point Hotel Sukhumvit 10

離捷運站不遠的「Centre Point Hotel Sukhumvit 10」中心點蘇昆蔚10號酒店，提供酒店式以及服務式公寓客房兩種選擇。整體建築向內，所以隔離了蘇昆蔚路的熱鬧喧囂，提供宛如綠洲的清幽。

絕大部分的客房都可以看到中庭的泳池，增添了清涼感受。

DATA

🏠 39 Sukhumvit 10 Alley, Khlong Tan, Khlong Toei, Bangkok
☎ 02-653-1783　🕑 IN 14:00；OUT 12:00
🛏 雙人房約฿2,000起
🚇 自BTS NANA步行約15分鐘

MAP　　官網

BTS 阿索克站 Asok E4 與 MRT 蘇坤蔚站 Sukhumvit

BTS Asok（阿索克站）代碼是E4，與MRT Sukhumvit（蘇坤蔚站）交會，這裡同時也航站21購物中心（Terminal21）所在地，上下班時總是人潮洶湧。下一站BTS Phrom Phong（澎蓬站）碼是E5，則鄰近Emporium百貨，這一區居住了許多日本人，可以發現不少日本料理餐廳、書局及日式超市。

DATA

- 📠 88 Soi Sukhumvit 19, Khlong Toei Nuea, Thawi Watthana, Bangkok
- ☎ 02-108-0888
- ⏱ 10:00～22:00
- 🚉 BTS Asok站3號出口直結，MRT Sukhumvit站

MAP　　官網

TERMINAL 21
航站二十一購物中心

讓你一秒環遊世界

　　到了泰國一定會發現，大部分的人們總是極為樂天，充滿天馬行空想法以及無限創造力！

　　「TERMINAL 21」航站二十一百貨公司，就是這麼充滿創意的有趣商場！這是泰國第一個以機場航站為概念的購物中心，來到這裡就好像出國，環遊世界般的特別。東京、倫敦、紐約、義大利都是不

同樓層的主題，來到這除了購物與享用美食之外，會發現每個人都拼命拍照，好不熱鬧。除了遊客之外，這裡也非常受到泰國民眾的歡迎。。

BL22 交會

BTS Sukhumvit Line（BTS蘇昆蔚線） **MRT Blue Line**（MRT藍線）

GF　Dairy Queen

來自美國的連鎖冰淇淋店Dairy Queen簡稱DQ，在泰國常常看到她的蹤影。以極為濃厚的冰淇淋、巧克力脆片甜筒、聖代、夢拿鐵為訴求，

深受喜愛吃冰的泰國人支持，三不五時也可看到外國人來這享用，甜蜜好滋味。

6F　Let's Relex

極受歡迎的人氣按摩店「Let's Relex」，地理位置便利，位於「TERMINAL 21」航廈二十一購物中心6樓。因為經常客滿，建議提早電話或現場預約，然後再到樓下好好用餐或是逛街，是比較有效率的做法，較為省時。

每樓層　特色洗手間

來到「TERMINAL 21」航站二十一，參觀洗手間也是非常受到歡迎的活動。每樓層洗手間，都會有不同的主題，包含麵包店、美髮沙龍、日本溫泉、賽車場等等，讓人眼花撩亂，來到這裡，就盡情上廁所吧！

2F　LONDON

每個樓層甚至化妝室都有不同主題，2樓的主題是「LONDON」倫敦。來到這個樓層會發現象徵英國的佈置，如倫敦地鐵標誌、戴著高帽的白金漢宮衛兵塑像、英國電話亭以及最引人注目的倫敦巴士，幾乎所有的遊客都會在這裡拍上幾張照片。

4F & 5F　San Francisco

橫跨兩樓層的舊金山金門大橋，這是位於4樓的「San Francisco」舊金山。也是來到這裡的必拍景點之一，本樓層多以美食餐廳為主，包含泰國國民火鍋「MK」、泰國家常美味料理「SEE

FAH」世華餐廳，以及全曼谷百貨公司最便宜的美食街「PIER 21」，同樣不可錯過。

Health Land Spa & Massage Asoke

同樣受到泰國當地民眾喜愛的「Health Land Spa & Massage」健康之地按摩中心Asoke阿索克分店，距離BTS捷運站不遠，走路即可到達，同樣深受各國遊客喜愛。因為這裡擁有大型停車場，所以常有旅行團來此消費，建議務必提早電話預約時段及療程，以免預約不到。推薦經典精油按摩、腳底按摩療程，可以好好消除旅行中的疲勞。

─── *DATA* ───

🏠 55 5 100 Pi Sayam Samakhom Alley, Khlong Toei Nuea, Watthana, Bangkok
☎ 02-261-1110（務必電話預約）
🕘 09:00～21:30
🚇 BTS Asok站6號出口、MRT Sukhumvit站1號出口，步行約10分鐘）

MAP　　官網

曼谷帆船酒店

Pullman Bangkok Grande Sukhumvit Asoke

只要走到本站，一定會注意到這棟宛如帆船造型的超高大樓，「Pullman Bangkok Grande Sukhumvit Asoke」曼谷素坤逸鉑爾曼酒店，擁有325間各式客房和套房，高樓層的客房還可以欣賞到曼谷的壯麗景色。酒店內的「TAPAS VINO」餐廳主打美味的Tapas料理、牛排、海鮮以及上等的葡萄酒，非常適合朋友聚會、家庭聚會。

─── *DATA* ───

🏠 30, Sukhumvit Soi 21 Road,Bangkok
☎ 02-204-4000　🕒 IN 15:00；OUT 12:00
🛏 雙人房 ฿4,500起　🚇 BTS Asok站天橋步行約5分鐘，或自MRT Sukhumvit站2號出口步行約3分鐘

MAP　　官網

泰國知名老牌海鮮餐廳

Savoey

　　到泰國絕對不能錯過的美味料理「咖哩螃蟹」，擁有極為獨特的風味！創立於西元1972年的泰國老字號海鮮餐廳「Savoey」上味泰餐館，有著最為美味的「咖哩螃蟹」與精選泰國料理。從過去到現在，「Savoey」堅持原汁原味，使用新鮮海產，結合世世代代相傳的泰國古老食譜配方，融合創新烹飪技巧，希望給顧客正宗的泰國首選美食，因此得到許多泰國本地顧客及海外遊客的喜愛，是曼谷泰式海鮮料理首選餐廳！

　　位於「TERMINAL 21」航站二十一購物中心5樓的分店，除了可看到無敵的城市美景之外，最美味的泰式檸檬魚、泰式烤大頭蝦、鳳梨炒飯，都是每桌必點的招牌餐點。超下飯的「泰式咖哩螃蟹」，「Savoey」還有提供純蟹肉無蟹殼的「泰式咖哩螃蟹」版本，非常貼心！要特別注意，用餐務必提前預約座位！

DATA

- 🏠 5/F,88 Soi Sukhumvit 19, Khlong Toei Nuea, Thawi Watthana, Bangkok
- ☎ 064-017-0237（用餐務必提前預約座位）
- 🕐 10:00～22:00
- 💰 ฿1,000起（需外加10%服務費）
- 🚇 BTS Asok站3號出口直結，MRT Sukhumvit站直結

MAP

1泰國老字號海鮮名店餐廳「Savoey」上味泰餐館。 **2**超入味「PORK SATAY」豬肉沙嗲฿180起。 **3**世界三大名湯之一「TOM YUM GOONG - RIVER PRAWNS」泰國酸辣蝦湯，這裡選用產自泰國當地的河蝦，更加美味฿380起。 **4**每桌必點招牌「STIR-FRIED MUD CRAB IN YELLOW CURRY SAUCE」咖哩螃蟹，每100克／฿230起。

上方大氣的鋪滿蟹肉與蝦肉「SPECIAL BAKED-PINEAPPLE FRIED RICE」特別鳳梨炒飯฿290起。

BTS 澎蓬站 Phrom Phong E5

彷彿到了日本！這一站附近有許多日本居民，所以可以發現不少日本料理餐廳、書局及日式超市。BTS Phrom Phong（澎蓬站（E5）），與EmQuartier、Emporium奢華商場連在一起，未來Emsphere也會加入，裡面有著曼谷市區超大型的IKEA家具，EM District儼然成形！

EmQuartier
綠意環繞摩登商場

適合全家人的綜合購物商場

　　與「The Emporium」比起來，全新登場的「EmQuartier」擁有讓人眼睛為之一亮的外觀！由三棟風格強烈流線型的白色建築組合而成，包含「The Helix」、「The Glass」以及「The Waterfall」，全部都有連通，就算是下雨天來這逛街也不用擔心。國際精品、流行時尚、文青商品、各國美食、大型超市，「EmQuartier」全部都有！

DATA

🏠 695 Sukhumvit Rd, Khlong Tan Nuea, Watthana, Bangkok
☎ 02-269-1000
🕐 10:00～22:00
🚇 BTS Phrom Phong站1號出口直結

MAP

官網

MF　COS

來自瑞典、堅持綠時尚概念的快時尚品牌「ＣＯＳ」，是大家熟悉H&M姐妹品牌。每個國家的「ＣＯＳ」概念店都會結合當地特色，發展出具有當地特色的店鋪。在店內的衣服陳列架上，都會發現有不同種類的單品陳列在一起，這其實是品牌貼心的小巧思，在同一桿上幫你搭配好整套服裝。曼谷還有許多獨家引進的服裝與配件，十分好逛！

MF　%

在「EmQuartier」逛街逛累了，那一定要找個地方喝杯飲料，休息一下！位在M/F樓層的知名「％」咖啡廳，以美味的咖啡馳名全球。店內純白色的裝潢以及大面積綠色植栽，與整棟建築相呼應。純木頭原色的座位，放上一杯咖啡，隨便拍都可以成為IG上的熱門美照！

1F　ROAST

創立於2011年的「ROAST」，主打美味的早午餐與多樣飲料，是朋友與家人聚餐的好地方！位在「EmQuartier」的第二間分店，以多國料理與飲料咖啡在國外遊客中打響名號！行政總主廚Executive Chef，Johnny Liu表示「對於Roast所有人來說，我們喜歡專注於真正重要的事情，那就是用心和細心地烹飪，製作出最美味的菜餚。希望所有顧客能在「Roast」菜單中，品嚐到我們對於烹飪的熱情」。

2F　GREYHOUND Café

泰國經典設計師品牌「Greyhound」其同名咖啡廳「GREYHOUND Café」。店內以時尚概念貫穿，從店員制服、音樂、菜單都與品牌精神相呼應。提供泰、西、中式創意餐點與飲品和調酒。店內必嘗人氣餐點包括「複雜麵」、「海南雞飯」、「香蘭葉炸雞翅」、「泰式冰奶茶」。

4F　Another Story

這是一間極具品位的選物店！「Another Story」從創意文具、設計小物到流行時裝、配飾、家居用品、裝飾品、蠟燭與擴香器、生活用品、高科技3C產品和創意十足的泰國紀念品都有，還包含許多泰國新銳設計品牌。如果要購買與眾不同的商品，來這裡一趟就對了。

6F　Luk Kaithong

深受泰國當地上流人士喜愛的「Luk Kaithong Royal Cooking」金雞餐廳，是以公雞為主題的餐廳，這是因為雞是餐廳主廚父親的生肖。每當顧客按響服務鈴時，都會聽到公雞的叫聲非常有趣。菜單基本上除了泰式料理之外，帶有泰國風味的中式菜餚非常受到歡迎，招牌菜之一「Stewed pork belly with pickled vegetables」梅干東坡肉，需要2天製作時間，有時前來還會無法吃到！

Asia Herb Association

名字特別的「Asia Herb Association」亞洲草藥協會，其實不是什麼研究單位，而是極受到日本人大力推崇，超人氣按摩與水療中心。其中以使用店內招牌，由18種新鮮的泰國當地有機草藥、每天人力填裝而成的「Herb Ball」有機草藥球按摩最為熱門，難怪每間店隨時都有許多在曼谷當地的日本人，以及各國遊客慕名而來！最棒的是這裡的價位合理，如果要在假日前來按摩，務必提前幾天預約。

DATA

- Sukhumvit 24 Alley, Klongton-Nua, Watthana, Bangkok
- 02-261-7401　09:00～22:00
- BTS Phrom Phong站4號出口，轉入Soi 24巷內，直走約7分鐘

MAP　　　官網

Goji Kitchen+Bar

如果想要品嚐最為豪華早餐百匯或是多樣海鮮百匯，位在「Bangkok Marriott Marquis Queen 's Park」曼谷萬豪侯爵皇后公園酒店內的「Goji Kitchen+Bar」是非常棒的選擇！擁有10個以上的取餐區，只要是你想吃的，在這都享用得到。午餐和晚餐百匯同樣主打豪華料理，爐烤牛排、碳烤泰國蝦、螃蟹等等都可任你享用，不時還會推出優惠折扣，來這用餐前可先上官網查詢。

DATA

- 199 Sukhumvit Alley 22, Klong Ton Khlong Toei, Bangkok
- 02-059-5555
- 06:00～22:00
- BTS Phrom Phong站，步行約10分鐘

MAP　　　官網

泰國知名咖哩螃蟹名店

Savoey Seafood CO. Sukhumvit 26

泰國知名咖哩螃蟹名店「Savoey」上味泰餐館，位在「Sukhumvit26」蘇昆蔚路26巷的超大型旗鑑分店「Savoey Seafood CO. Sukhumvit26」，有著讓人驚豔的時令活海產、Ko Samui蘇梅島直送生蠔與專屬貴賓的豪華VIP室，讓在此用餐時光更為尊榮。除此之外，獨家研發的「Mango sticky rice frappe」芒果糯米冰沙，也是只能在這一間才喝得到的，快來嚐鮮！

DATA

🏠 120 4 Soi Sukhumvit 26, Klongton, Klongtoey, Bangkok
☎ 090-912-8569　🕐 10:00～22:00
🚇 BTS Phrom Phong站4號出口，搭乘計程車約10分鐘

MAP　　官網

道地義大利料埋

Scalini

如果想要品嚐道地的地中海料理，位在Sukhumvit路26巷內「Hilton Sukhumvit Bangkok」曼谷素坤逸希爾頓酒店內，有著一間裝潢極為富麗堂皇、紳士俱樂部般的餐廳「Scalini」！目前中午推出三道式午餐，包含前菜、主餐與甜點，隨季節調整的午餐有時是嫩肩牛排、香煎鱸魚或是松露燉飯！每一次來到這裡都會有驚喜的饗宴。

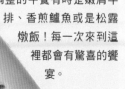

DATA

🏠 11 Soi 24, Khlong Tan, Khlong Toei, Bangkok　☎ 065-715-2368
🕐 12:00～14:30 中餐；17:00～23:00 晚餐
🚇 BTS Phrom Phong站4號出口步行約8分鐘

MAP　　官網

BTS 通羅站 Thong Lo E6

泰國的富人區就是這裡！因為這一站的泰文發音同於主要道路「黃金路」，所以許多日本人、歐美退休人士也都居住在此，因此附近有許多高檔餐廳、國際酒店林立，讓本區非常熱鬧。不過上下班時段這邊塞車極為嚴重，建議多使用BTS捷運大眾交通工具較為方便。

超人氣芒果糯米飯

Mae Varee

─── *DATA* ───

🏠 1 Thong Lo Rd, Khlong Tan Nuea, Watthana, Bangkok
☎ 02-392-4804
🕐 06:00～22:00　🚉 BTS Thong Lo站3號出口，步行約3分鐘

MAP

「Mae Varee」芒果糯米飯之所以受到歡迎，是因為選用新鮮芒果，味道特別，所以深受遊客喜愛。除了芒果糯米飯之外，當地居民也會直接購買「Mae Varee」的芒果回家享用。

視野絕佳 高空酒吧

Octave Rooftop
Lounge & Bar

─── *DATA* ───

🏠 2 Sukhumvit Soi 57, Khlong Tan Nuea, Watthana, Bangkok　☎ 02-797-0000
🕐 17:00～02:00　💰 ฿390起（雞尾酒、外加10％服務費與7％政府稅）
🚉 BTS Thong Lo站3號出口，步行5分鐘

MAP　　　官網

宛如浮在夜空中的飛碟，「Bangkok Marriott Hotel Sukhumvit」曼谷素坤逸萬豪酒店酒店頂樓，擁有一個360度無邊際視野、位在最高49樓層「Octave Rooftop Lounge & Bar」超夢幻高空藍色酒吧！整體設計的靈感是來自紐約公寓的露臺，點杯雞尾酒，搭配各式亞洲風味小點，隨著迷人的音樂搖擺，這就是時尚夜晚的私人派對！

全新華麗登場

曼谷
素坤逸洲際酒店

InterContinental Bangkok Sukhumvit

曼谷有許多名字類似的酒店，如果要入住曼谷素坤逸洲際酒店，千萬要說明的非常正確，否則司機可能會把你帶到另外一間，位在正市中心的洲際酒店！該酒店擁有極高樓層視野以及高樓層無邊泳池，因此這裡非常受到外國遊客的喜愛。擁有挑高大廳以及5間多樣風格的知名餐廳與酒吧，喜歡嘗鮮的你絕對要來！

DATA

🏠 10 Soi Sukhumvit 59, Khlong Tan Nuea, Watthana, Bangkok ☎ 02-760-5999
🕐 IN 15:00；OUT 12:00 🛏 雙人房฿7,000起
🚇 BTS Thong Lo站步行10分鐘
📶 Wi-Fi無線網路：
　客房與公共區域
　免費

MAP　　　官網

日本人最愛酒店

中心點
東羅酒店公寓

Centre Point Serviced Apartment Thong-Lo

與其他Centre Point酒店不同，「中心點東羅酒店公寓」主打全酒店式公寓的房型。所以除了來旅遊短期入住的遊客之外，會發現有日本人、歐美人長住於這邊。房間面積極大，除了有客廳之外，還附有廚房、洗脫烘乾衣機，浴室的空間也不小，最棒的是還有一個戶外陽台，簡直就像是自己在曼谷的家一樣！

DATA

🏠 304, Soi Sukhumvit 55 (Thong Lo 8), Sukhumvit Road, Bangkok ☎ 02-365-8300
🕐 IN 14:00；OUT 12:00 🛏 雙人房 ฿2,500起
🚇 BTS Thong Lo
　站搭車約10分鐘
📶 Wi-Fi無線網路：
　公共區域與客房
　免費

MAP　　　官網

BTS 伊卡邁站
Ekkamai E7

BTS Sukhumvit Line
（BTS蘇昆蔚線）

這裡原本最重要的據點是「Bangkok Bus Terminal（Eastern）」泰國東部客運總站（或稱伊卡邁巴士站），可前往芭達雅、羅勇、華欣、沙美島、象島等等，在 Gateway Ekamai商場開幕之後，四周逐漸熱鬧起來。

以日本生活為訴求

Gateway Ekamai

除了許多泰國常見的日式連鎖餐廳之外，還有一些獨家的日本餐廳像是UCC Café等，全部以日式風格裝潢打造，讓人宛如置身日本的錯覺。日本的招財貓、不倒翁、鳥居等設計元素點綴其中，是外國遊客拍照的最愛景點。

DATA

- 982/22 Sukhumvit Rd,Bangkok
- ☎ 02-108-2888
- ⏰ 10:00～22:00
- 🚇 BTS Ekkamai站 4號出口直結

MAP　　官網

泰國第一間

唐吉訶德
DONKI MALL THONGLOR

這一間「DONKI MALL THONGLOR」唐吉訶德是泰國的第一間旗艦大樓！這一間「DONKI MALL THONGLOR」除了有「DON DON DONKI」之外，還有一些日本來的品牌例如眼鏡店、關西大阪名店「Fugetsu鶴橋風月」大阪燒與農產品展售會，完全符合本區日系特色。

DATA

- 107 Soi Sukhumvit 63, Khlong Tan Nuea, Watthana, Bangkok
- ☎ 02-301-0451　⏰ 24小時
- 🚇 自BTS Thong Lo站，出站後約步行20分鐘，建議到BTS Thong Lo站，轉乘計程車或摩托計程車，約3分鐘可到達

MAP　　官網

在曼谷如果想要享用素食料理，其實不太好找。來自泰國清邁，擁有20多年歷史，之前位在BANGKOK MEDIPLEX大樓，現在搬到新址的「Khun Churn in white」素食料理，是曼谷吃素的朋友所熟知的知名素食餐廳。這裡供應每日更換菜色的套餐，如果想吃點特別的，還有多樣的單點創意料理菜單；想要補充維生素，也有現打的新鮮果汁，非常健康。

文青風格 素食咖啡館

Khun Churn
in white

DATA

- 🏠 952 Sukhumvit Rd, Khlong Toei, Bangkok
- ☎ 081-660-7031
- 🕐 10:00～20:00
- 🚇 BTS Ekkamai站 2號出口

MAP　　　官網

知名連鎖按摩店

Health Land Spa
& Massage Ekkamai

DATA

- 🏠 96 1 Ekkamai Rd, Phra Khanong Nuea, Watthana, Bangkok
- ☎ 02-392-2233（務必電話預約）
- 🕐 09:00～24:00
- 🚇 從BTS Ekamai站走路約30分鐘，建議從BTS Ekamai站搭計程車，約10分鐘車程

MAP　　　官網

　　一般旅遊挑選按摩店，大多會選擇在捷運站或地鐵站附近，出入較為便利。而這間「Health Land Spa & Massage Ekkamai」健康之地伊卡邁按摩中心，因為距離捷運站有點距離，因此遊客較少，多為當地人前來消費。這裡的環境幽靜，師傅按摩的水準較為統一，且較好預約，建議可做為「Health Land Spa & Massage」的口袋分店之一。

BTS 昌伊拉旺站 Chang Erawan E17

BTS Sukhumvit Line
（BTS蘇昆蔚線）

在BTS捷運站還沒延伸到這裡的時候，如果要來參觀「The Erawan Museum」三頭象神博物館，只能搭計程車或是包車前來。現在有了捷運之後，來到這裡更簡單。

The Erawan Museum
三頭象神博物館

DATA

🏠 99 Kanchanaphisek Rd, Samut Prakan
☎ 02-371-3135　🕐 09:00～18:00
🎫 全票 ฿400、半票 ฿200（提早網路購票較現場便宜）
🚇 BTS Chang Erawan站2號出口，路程10分鐘，本路段車流量大，無紅綠號誌指示，穿越馬路務必注意自身交通安全

MAP　　官網

必訪曼谷網美景點

　　落成於西元2003年的「The Erawan Museum」三頭象神博物館占地不大，可以輕鬆地參觀，仔細觀賞建築細節，每個角落都非常精彩，隨便拍都是網美照。最高44公尺，每層樓代表著一種宇宙等級，橫跨地宮、人間、天堂一共三部分，述說著神話故事。

　　象身內部非常精緻美麗，還有幾尊年代極為久遠、珍稀無比的佛像展示於此，是收藏品等級的博物館。

BTS 凱哈站 Kheha E23

Kheha 站為BTS捷運Sukhumvit Line 素坤逸線最南站，沿線途經北欖府多個知名景點，如：The Erawan Museum、Bang Pu Recreation Center、Wat Asokaram 等，讓人體驗到「質樸自然」的魅力。

The Ancient City
古城 76 府博物館公園

一次網羅泰國最重要的打卡景點

於西元1972年建造的「The Ancient City」，占地廣達200英畝，呈泰國形狀，也被稱為世界上最大的戶外博物館，是由泰國富商列克·維里亞潘（Lek Viriyaphant），想要重現泰國各地116處神聖建物與古蹟所建造的，以真實比例縮極為逼真。如果要參觀這裡，都會把「The Erawan Museum」三頭象神博物館加入同一個行程內！因為戶外無遮蔽，占地超大，要徒步逛完園區會很辛苦，建議租用高爾夫球車較為方便又可防曬，還可一次網羅泰國最重要的打卡景點！

DATA

- 🏠 296/1 Sukhumvit Rd,Samut Prakan
- ☎ 02-026-8800　🕐 09:00～18:00
- 🎫 全票฿700、半票฿350（提早網路購票較現場便宜）　🚉 BTS Kheha站2號出口，搭車前往較為便利，約10分鐘可到達；包車也可以

MAP　　官網

BTS 國立體育館站
National Stadium W1

這個站名來自一旁的國立體育館（National Stadium），有時還可看到比賽在此進行，非常熱鬧！本站有著外國遊客和當地民眾都愛的平價商場MBK CENTER，有如巨大市場般的建築物，無論是流行服飾、餐廳、3C用品、伴手禮、超市、道地美食街、餐廳等等這裡都有，約有1,000間的商家與臨時攤位，非常好逛。

MBK CENTER
馬文康購物中心

8層樓高的購物天堂

　　內部多家商店，涵蓋了時尚、美妝、珠寶、電子產品和手工藝品等各個領域。無論是想尋找國際品牌還是當地特色商品，這裡都能讓人滿足。此外，MBK Center也以其多種美食選擇而受到讚譽。總之，MBK Center不僅是購物的天堂，還是一個可以品味不同文化和美味的地方。無論是購物還是探索美食愛好者，都能在這裡找到樂趣。

---- *DATA* ----

🏠 444 Phaya Thai Rd, Wang Mai, Pathum Wan, Bangkok
☎ 02-853-9000
🕐 10:00～22:00
🚇 National Stadium站4號出口

MAP

官網

GF　EVEANDBOY

創立於泰國的本土美妝品牌「EVEANDBOY」，位在MBK購物中心的1樓旗艦門市。有時會邀請到泰國明星或是韓國藝人代言，推出限量商品，只有在泰國才買得到，喜愛美妝的你絕對不能錯過。

2F　BAN KHUN MAE

原本位在暹邏廣場、深受歐美外國遊客喜愛的老牌泰國菜餐廳「媽媽的家（BAN KHUN MAE）」。這裡對泰國人來說可能不是很特別，但餐廳營造的古老泰式氛圍、一旁陳列的泰式點心、現場料理的泰式青木瓜沙拉，都讓外國遊客著迷。

4F　3C專賣樓層

想買手機殼、泰國電話SIM卡、3C相關周邊商品或是手機，來這邊就對了。一般來說，付現會比刷卡划算，如果有看到想買的商品，建議一定要貨比三家，同時要確認貨品的電壓是否與自己國家的電壓相同。

4F　現做泰式椰絲煎餅

泰國人也喜愛邊走邊吃。只要路過這一區，就會發現好多攤同時在販賣口味多樣的現做泰式椰絲煎餅，有些還加入不同餡料、顏色的蛋白霜，熱呼呼一口口吃下，飽足感十足！

6F　Food Legends by MBK

1985年開業至今的MBK美食街，更名為Food Legends by MBK，是泰國B級美食大本營。這裡有間從尼克首次到曼谷就來品嘗過的美味豬腳飯「KAMOO TOKZUNG」，至今仍屹立不搖，建議可加點同鍋醬汁熬煮的滷蛋，非常下飯。另外一旁的泰式海南雞飯可外加炸雞，雞肉鹹淡調味適中，但份量不多，會讓人忍不住再多點一盤雞肉。

MBK旁　唐吉訶德（DON DON DONKI）

唐吉訶德是來自日本的跨國連鎖折扣店，以價格實惠便宜而聞名。在日本常被簡稱為「ドンキ」，在外國則主要以「DON DON DONKI」名稱為主，位在MBK CENTER旁的旗艦門市主打24小時營業，非常好逛。

Bangkok Art & Culture Center
曼谷藝術和文化中心（BACC）

曼谷的創意發源地

不像其他國家大部分的博物館或是美術館，往往設立在郊區或是交通不方便的地方，而是在曼谷正市中心MBK CENTER旁，極為便利！這裡的展覽和活動不僅涉及藝術，而且還包含戲劇、電影、寫作、音樂和設計，不定時還會有創意市集，一起讓這個地方，成為曼谷的創意發源地。

DATA

🏠 939 Rama I Rd, Wang Mai, Pathum Wan, Bangkok
☎ 02-214-6630　🕐 10:00～20:00（周一公休）
🎫 免費
🚇 BTS National Stadium站出來，順著天橋下走即可到

MAP　　官網

4F　IceDEA 創意冰淇淋

位在BACC 4樓。用無限的創意做出許多讓人驚豔的冰淇淋。從早期宛如草皮的布朗尼蛋糕引起話題，上面其實是染成綠色的椰絲；近年則是以主打貓貓狗狗的臉、水果造型的冰棒引起風潮，同時還販售到泰國許多景點，讓更多人都可享用到。

BTS 沙拉當站 Sala Daeng S2 與 MRT 席隆站 Silom

白天是熱鬧的商業區，隨處可見白領族、粉領族外出用餐。到了晚上搖身一變，成為一個霓虹燈閃耀的不夜城，尤其是「Patpong Night Market」帕蓬夜市，擠滿來自國內外的遊客，好不熱鬧。本區極為熱鬧，按摩店也多，超好逛。

Silom Complex
席隆綜合商場

便利生活百貨

在席隆區屹立不搖的經典購物中心「Silom Complex」席隆綜合商場，因為擁有最完整的商品、多樣餐廳、日本「MUJI」以及「Tops」超市，不僅受到當地民眾的支持，也是外國遊客都會來此消費的便利場所。

DATA

🏠 191 Si Lom, Silom, Bang Rak, Bangkok
☎ 02-632-1199
🕐 10:30～22:00
🚇 BTS Sala Daeng
站4號出口直結

MAP

官網

2F　After you

身為泰國蜜糖土司的代表品牌，「After you」在曼谷有許多分店，每間都是一位難求，人潮不斷。如果在上午時段或非假日來到這，基本上都會有位置，也不用排隊，節省許多寶貴逛街時間。這還有紀念品、餅乾專區，都可以外帶，延續甜蜜時光。

2F　TP TEA

在曼谷車水馬龍的都市街頭，手捧一杯茶飲，品味生活中的慢節奏。知名茶飲品牌「TP TEA」茶湯會訴求「以茶會友」，顛覆千年的飲茶方式，承續現有的模式，將熱茶冷飲風傳達到泰國。雖然這的招牌珍珠奶茶價位稍高，但還是受到當地學生與外國遊客喜愛。

2F　Cute press

創業40多年的泰國知名開架品牌「Cute Press」，從1976年創立至今仍深受當地學生以及海外遊客的喜愛。之前與HELLO KITTY、Disney聯名系列更是賣到斷貨。明星商品「cute press 8 hr」晚安凍膜，睡前擦上的凝膠狀面膜，醒來時容光煥發，就像睡了一整夜一樣，是必買招牌伴手禮。

BL26 交會

BTS Silom Line
（BTS席隆線）

MRT Blue Line
（MRT藍線）

Central
尚泰百貨

泰國知名百貨

　　與「Silom Complex」席隆綜合商場融合一起的「Central」尚泰百貨，讓購物增添更多樂趣。這裡以男女服飾品牌、童裝、居家生活用品、B2S文具複合店為主力，符合本區的生活型態。

Silom Edge
席隆邊境商場

24小時美食任你吃

　　這個位置前身是曼谷Robinson百貨公司，閒置多年，終於在近期正式開幕。這座複合式的全新商場上面高樓層是上班族的辦公室，樓下樓層是零售店家以及主打24小時營業的餐廳為最大特色！

　　除了陸續有不同的品牌進駐之外，這裡地下以及B1樓層主打24小時營業的美食廣場與餐廳，目前最受到上班族及遊客的歡迎！超人氣手標泰式奶茶品牌「ChaTraMue」，在這裡也有一間24小時營業的專門店，如果在附近的夜店結束派對之後，也可來這喝上一杯最美味的正宗泰式奶茶！另外還有「KFC」肯德基漢堡炸雞、日本拉麵店「A Ramen」以及「Swensen's」也都在此有分店。

DATA

🏠 191, Si Lom, Silom, Bang Rak, Bangkok
☎ 02-231-3333
🕐 10:30～22:00
🚇 BTS Sala Daeng站4號出口

MAP

DATA

🏠 2 Si Lom, Suriya Wong, Bang Rak, Bangkok
☎ 02-764-6999　🕐 24小時
🚇 BTS Sala Daeng站、MRT Silom站直達

MAP

文青創意市集

theCOMMONS Saladaeng

「theCOMMONS Saladaeng」希望將人們聚集在一起，在大家都極為熱愛的美麗城市中建立健康、有意義的社區。整體設計融入了Saladaeng這個地區的泰文本意「紅色涼亭」，於建築之中，極為搶眼。商場分為地下The Ground 、市集The Market 與共享空間Event Venue for Hire 三大部分，有許多特色十足的店鋪進駐，也會有創意市集，深受當地居民喜愛。

DATA

126 Sala Daeng 1 Alley, Silom, Bang Rak, Bangkok ☎ 084-915-5421
🕐 08:00～01:00
🚇 BTS Sala Daeng 站4號出口步行約10分鐘

MAP　　官網

DATA

G/F Yada Building,Si Lom,Bangkok
☎ 02-237-1148
🕐 10:00～22:00
🚇 BTS Sala Daeng 站3號出口步行約3分鐘

MAP　　官網

文青風複合式選品店

Everyday Kmkm

泰國本土知名香氛品牌「Karmakamet」新概念店，以貼近生活、舒服自在的過每一天為概念，同時這也是「Everyday kmkm」的創始店，文青風格十足！

這裡除了販售泰國製造與外國進口的同名品牌生活用品、服裝、餐具、文具、香氛等等之外，還是一間小咖啡廳，每日限量供應的蛋糕、冰淇淋與飲料都很美味。

來自英國的藥妝店

Boots

　　這間「Boots」營業到晚上11:00，非常適合在其他店家打烊之後來逛。各式開架美妝品、藥膏、牙膏、牙刷、飲料等一應俱全。如果在曼谷旅遊時不小心感冒、喉嚨不舒服或身體不適，這裡也有會說英文的專業藥師，可以給與用藥建議，極為貼心的服務。

哈口族最愛

Tsuruha Drug

　　自日本北海道起家的「Tsuruha Drug」鶴羽藥妝，秉持親切第一與信用第一的精神，目標致力於成為「日本第一藥妝連鎖店」。在席隆路的這間分店從日本藥品、美妝化妝品、餅乾伴手禮、生活日常用品應有盡有，營業時間極長到晚上24:00，對遊客來說非常便利。

日本知名藥妝品牌之一「Tsuruha Drug」鶴羽藥妝。

泰國超知名香氛旗艦門市

Karmakamet

DATA

🏠 1/F,Yada Building,Si Lom,Bangkok
☎ 02-237-1148
🕐 10:00～21:00
🚇 BTS Sala Daeng
　站3號出口，步
　行約3分鐘

MAP　　　官網

香氛控不能錯過！這是泰國知名香氛品牌「Karmakamet」位在BTS Sala Daeng站的旗艦門市！

創立於2001年，這間香氛專賣店，擁有最完整的商品，最能夠呈現品牌的精神概念。從泰國植物、花朵、香料所提煉出來的各式香氛精油、香氛蠟燭、按摩精油、泰式擴香、香氛包，或是茶葉以及每到節日限定推出的各種限量禮盒，都和「Karmakamet」所要傳達的一種無國界、禪風意境非常接近，使用產品之後，都能讓人感到非常自在、舒服。

高爾夫球迷天堂

GOLF & ACCESSORIES

打高爾夫球，是許多人到泰國的目的之一。如果想要購買相關裝備，那到「Thaniya Plaza」塔尼亞廣場，絕對是最棒的選擇。擁有超多店家，提供愛好高爾夫的消費者們最好的高爾夫周邊配件與風格及性能十足的服裝。這裡有許多知名品牌如Titleist、TaylorMade、SRIXON、Callaway、Ping、NIKE Golf、Mizuno等，全系列服飾、球桿、配件，從頭到腳都能擁有最好的品牌，無論全新或是二手都有，各種選擇滿足多樣需求。

DATA

🏠 1/F,52 Silom Rd,Thaniya Plaza,Bangkok
☎ 02-632-7693
🕐 10:00～21:00
🚇 BTS Sala Daeng
　站3號出口，步
　行3分鐘

MAP　　　官網

高質感咖啡廳

Hario Cafe Bangkok

　　日本「HARIO」自成立以來，是唯一擁有工廠的耐熱玻璃製造商，利用耐熱玻璃的特性，以及獨家玻璃加工技術，便開始製作虹吸式咖啡壺，並進入咖啡器具及茶具生產的領域。「Hario Cafe Bangkok」是「HARIO」在泰國曼谷所設立的一間日式旗艦咖啡廳，目前曼谷有3間分店。

　　位在Thaniya Plaza的這一間，室內風格以日式簡約設計為主，也有戶外座位區。一旁還有寬敞的木質吧台區，可以近距離欣賞咖啡師的手沖咖啡與品咖啡香。店內還設有少見的咖啡烘焙展間，讓顧客了解咖啡生豆如何經過烘焙，變成多種風味的咖啡熟豆。這裡也有販售日本原裝進口的「HARIO」咖啡器具以及咖啡豆等。座位區非常舒適，有機會可以來品嚐美味糕點、精緻甜點和清爽沙拉，搭配招牌HARIO冷萃咖啡，度過優閒的時光。

DATA

🏠 G/F,112-113 Thaniya Plaza 52 Silom Rd, Bangkok
☎ 062-595-2162
🕐 07:00～20:00
🚃 BTS Sala Daeng
　站3號出口旁

MAP　　IG帳號

Don Don Donki
- Thaniya Silom

日本人最愛的「Thaniya Silom」商場內，近最也開了一間24小時營業的「DON DON DONKI」唐吉訶德！除了供應日本原裝商品、日本進口當季水果之外，還有別間唐吉訶德沒有的和牛牛丼飯、有座位的日本拉麵攤在店裡面，真的非常厲害！

DATA

- 🏠 62 Si Lom, Suriya Wong, Bang Rak, Bangkok
- ☎ 02-232-7899
- 🕐 24小時
- 🚇 BTS Sala Daeng 站1號出口可直接進入商場

MAP

官網

歷史悠久的福聯超級市場

Foodland
Supermarket

DATA

- 🏠 9 Thanon Patpong Soi 1, Bangkok
- ☎ 02-234-4558
- 🕐 24小時
- 🚇 BTS Sala Daeng 站，1號出口步行10分鐘

MAP
官網

對於夜生活大本營「Patpong Night Market」帕蓬夜市來說非常重要！因為24小時營業，對於這邊的店家或是上班人來說非常便利，缺什麼東西，在這裡都可以買到；如果肚子餓，裡面24小時營業的餐館「TOOK LAE DEE」，也可以滿足每一位顧客，不管是美式早餐、泰國料理、中式簡餐都有，有時也會看到歐美遊客來此用餐，非常內行。

曾入選泰國米其林指南必比登

La Dotta Pasta Bar

由曾入選泰國米其林指南必比登的本店「La Dotta」，所指導的全新義大利麵餐廳「La Dotta Pasta Bar」！

來到店內很難不注意到這個海藍寶石色的色彩，極為精緻卻又歡樂的色彩。每日手工製作的新鮮義大利麵以及選用有機食材烹煮的每一道料理，都能感受到色彩繽紛的義大利風味。這裡的雞尾酒也非常有名，點上幾杯讓用餐時光更為輕鬆有趣。

─── *DATA* ───

🏠 10/15 Convent Rd, Bangkok
☎ 02-236-5558　🕐 11:00～14:30 中餐、17:00～23:30 晚餐
🚇 BTS Sala Daeng 站2號出口步行8分鐘

MAP

官網

上流人士最愛海南雞飯

Ruenton

泰國米其林指南的超美味海南雞飯就位在「Montien Hotel Surawong Bangkok」曼谷席隆路蒙天酒店內的「Ruenton」餐廳！

有著從1950年開幕供應到現在的「Montien Chicken Rice」蒙天酒店招牌海南雞飯，除了入口即化美味多汁的海南雞肉之外，主廚單鍋蒸煮、祕制雞油米飯以及四款經典沾醬，更是讓這道經典料理遠近馳名的另一大亮點。如果有機會在午餐時間來到這裡，就會知道「Montien Chicken Rice」有多受到歡迎。

─── *DATA* ───

🏠 54 Thanon Surawong, Bangkok
☎ 02-233-7060　🕐 06:30～20:00（海南雞飯11:30開始供應至完售）
💰 ฿340起（需外加10%服務費與7%政府稅）
🚇 BTS Sala Daeng站、MRT SamYam站步行約10分鐘
📝 午餐和晚餐時段也有供應美味的港點以及中式、泰式單點菜餚

MAP

官網

沙拉當超脆炸海鮮
Sala Daeng Crispy Seafood

在此擺攤超過10年以上的小販，「Sala Daeng Crispy Seafood」沙拉當超脆炸海鮮。最近幾年突然爆紅，總是呈現大排長龍的情形，如果看到沒有人排隊的時候要趕快去買！這裡只賣炸花枝、炸小螃蟹與帶殼的炸蝦，非常清脆爽口，搭配上店家自製的泰式辣醬，真是絕配。可以單買一種或是兩種綜合、三種綜合都可以！建議一定要現吃，因為放久了有時會變硬不好入口，那就太可惜了！

─── *DATA* ───
🗺 Silom Road與Thanon Sala Daeng巷交叉口
☎ 096-696-4321
🕐 12:00～21:00（賣完提早打烊、周一與國定假期休息）
🚉 BTS Sala Daeng站4號出口步行約3分鐘

MAP

擺攤超過10年以上
The Variely Fried Chicken Styles

不僅泰國人，連亞洲人或是歐美人士都愛的炸雞，招牌上還用英文寫著受到全世界遊客的大力推薦。炸雞胸、炸雞腿、炸雞翅、炸雞屁股以及帶骨炸雞塊，品項非常多，有時賣完會需要現場稍等店家再炸，但絕對值得。同樣建議要現買現吃，與泰國啤酒超搭！

─── *DATA* ───
🗺 Silom Road轉Thanon Convent巷口轉角
🚉 BTS Sala Daeng站2號出口步行約5分鐘

MAP

哈利波特風格時髦旅店

ibis Styles Bangkok Silom

　　以融入在地風格為號召的宜必思酒店集團，位在席隆區的「ibis Styles Bangkok Silom」曼谷席隆宜必思酒店，擁有264間舒適的客房和現代城市風格的旅館設計。以美妙的曲調、鮮豔的色彩和受泰國民間傳說啟發的概念為主體，讓這裡充滿濃濃的泰國文青風格，同時將舒適感與原創設計融為一體。只要來到這裡，肯定會備高聳的透明電梯、超大的休憩階梯所吸引目光，宛如進入哈利波特的夢幻世界！

DATA

🏠 289 Silom Rd, Silom, Bang Rak, Bangkok
☎ 02-352-5999　🕐 **IN** 14:00；**OUT** 12:00
🛏 雙人房฿2,000起　🚇BTS Sala Daeng站2號
　出口步行5分鐘
📶 Wi-Fi無線網路：
　客房與公共區域
　免費

MAP　　官網

1進入哈利波特的神奇世界。　**2**超大的休憩階梯，躺在這裡看書也很棒。　**3**大廳旁的「POP UP BAR」，迷人風格。

BTS 鐘 那 席 站
Chong Nonsi S3

BTS Silom Line
（BTS席隆線）

附近是曼谷最知名的金融中心，銀行總部、外國大使館、國際品牌大樓總部林立。離曼谷最熱鬧的夜生活大本營「Patpong Night Market」帕蓬夜市不遠步行可到。許多中價位旅館、曼谷超熱門酒店之一「The Standard,Bangkok Mahanakhon」曼谷瑪哈納功標準酒店就在捷運站旁，許多遊客喜愛的一站。同時這站也和BRT曼谷快捷公車站相連，也可搭上BRT，來個曼谷懷舊之旅。

曼谷最高戶外無遮蔽觀景台

王權瑪哈納功大廈
King Power Mahanakhon Skywalk

　　傲踞曼谷正市中心的超摩天大樓「王權瑪哈納功大廈」，是隸屬泰國最大的免稅集團「King Powe」王權集團！來到這裡，可以搭乘到泰國最快的高速電梯，一邊欣賞電梯內的全景動畫，只要50秒，就可以直達位在74樓的室內觀景台。

　　如果再向上前往78樓，就可以抵達需要很多勇氣才可以踏上的「The Glass Tray」玻璃天空步道，離地面310公尺，體驗宛如飛鳥的視野。然後再步行往上「The Peak」踏上居高臨下、離地面314公尺的最高觀景點，坐擁360度無死角極致全景，彷彿置身天堂一般自由，鳥瞰曼谷城市高樓美景與天際線。無論是白天、傍晚或是晚上來到這裡，都可以享用招牌飲品和雞尾酒，更添奢華浪漫感受，讓你對曼谷天際線改觀，留下最美好的一刻。

DATA

- 114 Naradhiwas Rajanagarindra Rd, Silom, Bang Rak, Bangkok
- ☎ 02-677-8721　⏰ 10:00～24:00（19:00以後只限The Standard Bangkok Mahanakhon酒店住客、Ojo餐廳客人入場）
- 成人日間票฿880（10:00～15:30入場）、成人傍晚票฿1,080（15:30～19:00入場）、半票฿250（提早網路購票較現場便宜）
- BTS Chong Nonsi站3號出口直結

MAP

官網

親子遊最愛

ZOOM Sky Bar & Restaurant

大人小孩可以一同前來的高空酒吧就在這裡！「ZOOM Sky Bar & Restaurant」位在「JC KEVIN SATHORN」曼谷沙吞 JC凱文酒店頂樓40樓，屬於酒店內的高空酒吧，氣氛非常好，可以從傍晚夕陽一路看到迷人夜景。這裡有沙發區、高腳椅座位區與吧台座位，點上開胃小點搭配創意雞尾酒，欣賞360度的環繞曼谷景觀，真是太幸福了。

DATA

🗺 36 Naradhiwas Rajanagarindra Rd,Bangkok
☎ 02-210-9000　🕐 17:30～24:00
🎫 ฿240起
🚇 BTS Chong Nonsi站5號出口，步行約10分鐘

MAP　　　　官網

DATA

🗺 491/5 Si Lom, Khwaeng Silom, Bangkok
☎ 02-057-8888
🕐 09:00～18:00（周日休息）
🚇 BTS Chong Nonsi站3號出口往前直走，到Silom Road路口左轉步行約2分鐘

MAP

匯率極佳換錢好去處

Super Rich

這是泰國人也愛來匯兌的好地方。除了大家熟知的「BIG C」量販中心隔壁的「Super Rich」Head office分行之外，就屬「Super Rich」Silom Branch席隆分行這間換泰銖匯率一樣好。如果是住在這一區的遊客，可以不用特別跑到別處，來這裡兌換泰銖即可，別忘記攜帶護照才可匯兌（工作人員會影印存檔）。

BTS 聖 路 易 站
Saint Louis S4

這是突然冒出的全新BTS捷運站！與前一站BTS Chong Nonsi（鐘那席站）（S3）以及下一站BTS Surasak（蘇拉沙克站）（S5）距離都不是很遠，但因為附近有聖路易士天主教堂、聖路易士醫院以及聖路易士大學因此使用這個名稱，也讓前往這幾個地方的民眾少走一點路。

米其林一星血統餐酒館

Alpea

系出同門！由米其林一星餐廳「Maison Dunand」主廚Chef Arnaud Dunand Sauthier打造的另一法式餐酒館「Alpea」，位在同一地點。Chef Arnaud希望這個地方，讓人們可以聚集在一起享用簡單的早餐、午餐以及晚餐，或者只是喝一杯茶、享用美味糕點。在「Alpea」，他實現了自己的願望。

菜單的靈感源自Chef Arnaud在「Savoie」薩瓦省、從小吃到大的懷舊菜餚。使用來自阿爾卑斯山和法國其他地區的最佳食材，像是農場起司、奶油、義大利麵、油醋、果醬等，還有各種自製美味糕點、麵包與冰淇淋，主廚希望分享他童年時期的美味食譜以及法國風味料理給來到這裡用餐的顧客，一種極為輕鬆自在的用餐體驗，宛如置身溫暖舒適的小木屋。

DATA

🏠 Soi Sueksa Witthaya, Silom, Bang Rak, Bangkok

☎ 065-639-0515　🕐 11:00～22:00（周末09:00開始供應早餐，務必預約）

💰 ฿1,000起（需外加10%服務費與7%政府稅）

🚇 BTS Saint Louis站步行5分鐘

MAP　官網

曼谷經典摩登酒吧

WOOBAR
at W Bangkok

來自紐約的「W Bangkok」酒店，位於一樓大廳旁的「WOOBAR」，是曼谷明星、時尚人士最愛的朝聖地之一。一到了晚上，「WOOBAR」換上迷幻紫色的燈光，搭配時下最流行的音樂，點上一杯專為曼谷量身打造的「BANGKOK ONE ON ONE」經典調酒，渡過一個難忘的One Night in Bangkok夜晚。

DATA

- 106 N Sathon Rd, Silom, Bang Rak, Bangkok
- ☎ 02-344-4131　🕐 11:00～24:00
- ฿350起（外加10%服務費與7%政府稅）
- BTS Saint Louis站3號出口，步行約5分鐘

MAP

迫地熱門按摩首選

Health Land

當地人也愛來的熱門按摩中心「Health Land」Sathorn分店，位在捷運出口旁，地點超便利！這的師傅按摩技術都算中上，店內環境乾淨明亮。除了腳底按摩（Foot Reflexology）、泰式按摩（Traditional Thai Massage）之外，精油按摩（Aromatherapy Body Massage）是CP值最高的療程。可以預約指定男、女按摩師傅，及個人或兩人專用水療房，房內附有沖澡設備。（註：一定要先預約）

DATA

- 120 N Sathon Rd, Silom, Bang Rak, Bangkok
- ☎ 02-637-8883　🕐 09:00～00:00
- BTS Saint Louis站1號出口旁
- 本店經常客滿，務必提早幾天電話預約，使用英文

MAP

官網

BTS 蘇拉沙克站
Surasak S5

只要搭BTS捷運到這一站，一定會看到位在捷運旁，一棟淡黃色外牆、極具歷史感的建築物，這就是知名「Blue Elephant Bangkok」泰國藍象餐廳與廚藝學院。往北走去可以接到「Silom Road」席隆路，有著知名印度教的寺廟、印度相關商店與餐廳、藝術品店，還有一個風格小商場「Baan Silom」席隆之家。

女孩最愛
法式風格水療

Divana Virtue Spa

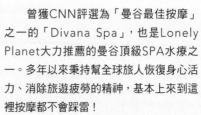

曾獲CNN評選為「曼谷最佳按摩」之一的「Divana Spa」，也是Lonely Planet大力推薦的曼谷頂級SPA水療之一。多年以來秉持幫全球旅人恢復身心活力、消除旅遊疲勞的精神，基本上來到這裡按摩都不會踩雷！

以泰國純白柚木建築為主的「Divana Virtue Spa」，一踏進這裡立即就能感受到濃濃的殖民地風格，牆面上爬滿樹藤，帶來歐式的氣息；庭院還有一個法式小噴水池，非常夢幻，和其他「Divana Spa」分店風格不太相同，所以深受各國遊客的推崇！還沒進行療程之前，一定會忍不住想拍拍美照，建議務必提早半小時來到這裡，把曼谷的喧囂留在門外。這裡的特色療程非常多，建議選擇120分鐘以上的精油療程最為理想，才能真正體會到「Divana Virtue Spa」芳療的獨特之處！

DATA

🏠 10 Sriveing, Silom, Bangkok
☎ 02-236-6788 🕙 10:00～23:00
💰 ฿1,850起（外加10%服務費和7%政府稅）
🚆 BTS Surasak站
　 1號出口，步行約
　 7分鐘

MAP　　　官網

享受最為頂級的「Divana Spa」水療。相信你體驗過後，也會成為「Divana Spa」的忠實粉絲！

Wittaya Jiraswakedilok
曼谷知名風格達人
IG: bowlingdivana

達人推薦

捷運站旁高空酒吧

The Roof @ 38th Bar

地理位置超便利！位在「Mode Sathorn Hotel」38樓的「The Roof @38th Bar」高空酒吧，晚上可以遠眺閃耀著迷人燈光、熱鬧晚餐船，來往穿梭在夜晚的昭披耶河上。聽著DJ撥放著迷人音樂，點上一杯招牌特調「Strawberry Cheese Cake Martini」草莓起司蛋糕馬汀尼，搭配主廚特製創意開胃小點，這是專屬曼谷夜晚的美好時光。

DATA

- 38/F,144 North Sathorn Rd, Silom,Bangkok
- ☎ 02- 623-4555　◷ 17:00～01:00
- ฿500起（外加10％服務費與7％政府稅）
- BTS Surasak站3號出口旁

MAP　官網

曼谷藍象餐廳與烹飪學校

Blue Elephant
Cooking School & Restaurant

DATA

- 233 South Sathorn Rd,Bangkok
- ☎ 02-673-9353
- ◷ 11:30～14:30；18:30～22:00（餐廳）
- 半日烹飪課程฿2,800起（外加10％服務費與7％政府稅）
- BTS Surasak站2號出口旁

MAP　官網

曼谷藍象烹飪學校，主要是以教授如何烹飪泰國菜為主要目的，分為上午以及下午的課程，包含到當地傳統市場採買食材（上午課程才有）、主廚示範4道料理的作法、親自動手做以及享用自己的料理等等，內容生動豐富。如果只是想來單純享用餐點，這裡也有供應套餐或是單點形式的泰國菜。

BTS 沙潘塔克辛站 Saphan Taksin S6

BTS Silom Line
（BTS 席隆線）

位於昭披耶河畔、塔克辛橋旁的這一站，泰文原意是「鄭王橋」，是為了紀念泰國古代「鄭王Taksin」所興建的橋。附近就是曼谷的舊城區，從古時候就非常熱鬧，喜歡懷舊風格的朋友，也別忘了到「Charoen Krung Road」石龍軍路來一趟懷舊巡禮，古舊建築、店鋪以及超多入選米其林必比登的小吃都在此。附近也有許多大使館、高檔五星級酒店，是新與舊的融合。這站也是水上巴士總站－中央碼頭站（Central Pier），搭船前往許多知名景點，才是最在地的玩法！

Terminal 21 Rama 3
航站二十一拉瑪三

曼谷第二間航站二十一商場

　　全新的「Terminal 21 Rama 3」位於昭披耶河畔！比市中心的航站二十一更加浮誇，創意加倍！可以拍照的標地變更多，像是旋轉木馬、熱氣球、大型火車等等，還多了超多人型塑像，不小心誤以為是真人！全新的廁所主題更是顛覆你的想像，有美髮沙龍、自行車賽、賽馬場，還有日本拉麵店等等，都是之前沒有的。來

到這裡不要只顧著拍照，許多曼谷市區的知名餐廳、流行服飾這裡都有非常好逛，甚至是泰國人最喜愛的「黃金店」也看得到，非常特別。

DATA

🏢 356 Rama III Rd, Bang Khlo, Bang Kho Laem, Bangkok ☎ 02-483-3555
🕙 10:00～22:00 🚇 BTS Saphan Taksin 站，2號出口，未來預計有免費接駁船可以前往；BTS Surasak站，4號出口搭免費接駁車；或搭計程車前往

MAP　官網

ASIATIQUE
河邊夜市

DATA

地 2194 Charoen Krung Rd, Wat Phraya Krai, Bang Kho Laem, Bangkok

☎ 092-246-0812　🕐 00:00～24:00

🚈 BTS Saphan Taksin站2號出口搭乘免費接駁船前往

MAP　　官網

重現百年碼頭風華傳奇

　　占地約12萬方公尺，位在昭披耶河畔的「ASIATIQUE」河邊夜市，是由一個擁有百年以上歷史的古木材加工場改造而成，也是目前到曼谷旅遊一定不可錯過的景點之一！開幕於2012年的「ASIATIQUE」，目前剛過了10年慶，這裡是一個可以容納1,500間店家、40間餐廳，還有大型表演或展覽的集合！可以俯瞰夜景的大型摩天輪以及河邊的古船餐廳「Sirimahannop」、透明用餐包廂「The Crystal Grill House」與「The Siam Tea Room at Asiatique the Riverfront」都是這裡最熱門的景點與餐廳。因為受到疫情影響，目前部分店家恢復與調整當中，相信未來會越來越好！

泰國必買國民品牌

Bata

DATA

地 1574 Charoen Krung Rd, Bang Rak, Bangkok

☎ 02-234-8713　🕐 10:00～19:00

💰 ฿500起

🚈 BTS Saphan Taksin站，3號出口步行約3分鐘

MAP　　官網

　　在曼谷應該會常看到這個LOGO。「Bata」巴塔鞋是來自瑞士的一家跨國製鞋企業，總部位於洛桑，在全世界和泰國都有許多分店！在泰國當地因為啟用了知名的男女演員代言，所以受到泰國學生、上班族的大力支持，「Bata」鞋不僅好穿、好看，價位也算合理，如果逛到這區，也可順便過來看看，是否有命定鞋款。

米其林二星奢華高空餐廳

Mezzaluna

　　看到這個金頂造型的地標，是不是很眼熟？在曼谷取景的熱門電影《醉後大丈夫2》，電影中出現的這個地標就是「Mezzaluna」餐廳！位在豪華「lebua at State Tower」蓮花酒店內，提供現代創新的頂級美饌。在65樓無敵美景的用餐體驗，主廚獻給客人的是七道式套餐，將歐洲美食與日式精緻料理精神融合在一起，帶來驚喜。口味平衡而精緻，食物富有創意且技術高超，獲得曼谷米其林二星的殊榮！

─── DATA ───

🏠 54 Thanon Surawong ,Bangkok
☎ 02-624-9555
🕐 18:00～24:00（週日不營業）
💰 ฿8,000起（需外加10%服務費與7%政府稅）
🚇 BTS Saphan Taksin站，3號步行約10分鐘

MAP

官網

─── DATA ───

🏠 1443 Charoen Krung Rd, Silom, Bang Rak, Bangkok
☎ 02-233-9266
🕐 08:00～21:00　💰 ฿9起
🚇 BTS Saphan Taksin站，3號出口步行約7分鐘

MAP

泰國消暑最佳良伴

仁和園
華陀標涼茶

　　老字號涼茶專門店「仁和園」，從佛曆2474年（西元1931年）開始營業至今，在一年如夏的曼谷，一直是許多當地人的消暑聖品！以各式中藥材熬製，販售包含王老吉、羅漢果、青草水、菊花茶、什涼、洛神水、蓮藕水、龍眼汁、蜂蜜烏龍茶、泰國羅漢果水以及蜂蜜梅子水共11種口味，一小杯฿9非常便宜，很多遊客都是迅速喝完，就繼續下一個行程！

── DATA ──

📍 1456 Charoen Krung Rd, Silom, Bang Rak, Bangkok　☎ 02-234-3755
🕐 08:30～20:15（賣完提早打烊）　💰 ฿55起
🚇 BTS Saphan Taksin站3號出口步行10分鐘

MAP

百年庶民美味料理

新記燒鴨

　　從西元1909年開業至今的「新記燒鴨」，已經是超過百年的老店！這裡以烤鴨最為出名，烤鴨飯฿55/75、叉燒飯฿50/70、燒肉飯฿50/70、綜合燒賣一籠5個฿30，真的是令人不敢相信的價格，味道也非常道地，難怪總是大排長龍。

周潤發也來吃過

灶龍魚丸
ZAOLONG FISHBALL

　　這間在石龍軍路上，門口就有斑馬線的「ZAOLONG FISHBALL」灶龍魚丸非常好找，如果擔心跑錯間，只要認明門口一整排的魚丸、蝦丸、海鮮丸以及長條海鮮片的店家就對了！每到用餐時間這裡總是客滿，如果不想人擠人排隊，建議避開用餐時刻再過來即可！這裡除了清湯粿條、雞蛋麵之外，也有映豆腐湯底和粥，選擇非常多，搭配上招牌魚丸，讓每道料理都變得美味！

── DATA ──

📍 1456 Charoen Krung Rd, Silom, Bang Rak, Bangkok
☎ 02-234-7499　🕐 24小時
💰 ฿50起
🚇 BTS Saphan Taksin站3號出口步行約10分鐘

MAP

米其林必比登豬肉粥

王子戲院豬肉粥

Jok Prince

─── DATA ───

🏠 1391 Charoen Krung Road, Bangkok
☎ 081-916-4390
🕐 06:00～13:00、15:00～23:00（賣完提早打烊）
💰 ฿45起
🚇 BTS Saphan Taksin站3號出口步行7分鐘

MAP

開店超過80年的「Jok Prince」王子戲院豬肉粥，因為位在王子劇場古蹟住宿的巷口附近，因此用這個名稱當作招牌。曾入選「泰國米其林必比登」，不只外國觀光客，連曼谷當地人都很愛來這裡用餐，雖然吃到滿頭大汗，但還是忍不住一口接一口！以炭火煮成的豬肉粥有著淡淡焦香味，粥底呈現糜狀非常好入口，撒上蔥花和薑絲，也可加上內臟、雞蛋、皮蛋或是油條，味道不夠的話還可以自行添加調味。

─── DATA ───

🏠 441/1 Charoenkrung Rd,Bangkok
☎ 062-591-2288 🕐 IN 14:00；OUT 12:00
💰 雙人房約฿1,000起
🚇 BTS Saphan Taksin站3號出口步行10分鐘

MAP　　官網

文青旅人最愛民宿

王子劇場古蹟住宿

Prince Theatre Heritage Stay

這是非常特別的住宿體驗！從建於西元1900年的老戲院「Prince Theatre」王子戲院改建而成的「Prince Theatre Heritage Stay」王子劇場古蹟住宿，隱身於石龍軍路的靜僻一角。保留了部分原本王子戲院的硬體修建而成的青年旅館，除了一般客房之外，也有分租房型，由放映廳改造的公共酒吧區域也是一大特色，推薦給喜愛藝文風格的文青旅人。

向經典泰式新古典致敬

暹邏酒店
The Siam

由泰國知名藝人家族Sukosol，邀請設計師Bill Bensley打造的「The Siam」暹邏酒店，擁有多樣迷人面貌！中式風格、泰式元素的客房、美式風格餐廳、泰式傳統拳擊場、SPA水療中心等等，組合在一起，呈現出宛如世外桃源般，無國界的迷人世界。客房數不算多，包含10間Pool Villas和28間Suites，因為極具特色，服務細緻，所以從開幕至今，經常客滿！

━ DATA ━
- The Siam 3, 2 Thanon Khao, Vachirapayabal, Dusit District, Bangkok ☎ 02-206-6999
- IN 14:00；OUT 12:00　雙人房฿14,000起
- BTS Saphan Taksin站2號出口，搭乘飯店的接駁船約45分鐘
- Wi-Fi無線網路：公共區域與客房免費

MAP　官網

曼谷昭披耶河四季酒店

Four Seasons Hotel Bangkok at Chao Phraya River

知名品味酒店曼谷昭披耶河四季酒店，終於再次優雅回歸曼谷！緊鄰昭披耶河畔的「Four Seasons Hotel Bangkok at Chao Phraya River」曼谷昭披耶河四季酒店，是全新打造的建築物，擁有299間客房。由國際知名設計師「Jean-Michel Gathy」所規畫的層疊建築，將蔥翠繁茂的庭院、露台和水景，一直延伸到室內，讓兩方的空間融合在一起，帶來內心一隅寧靜。

曼谷四季酒店有著與其他國家不同氛圍，不著痕跡的加入泰國元素，等你親自來感受。

Jedsadawut Srikaew
達人推薦
泰國知名企業二代
IG：man.jedsadawut

━ DATA ━
- 300/1 Charoen Krung Rd,Bangkok
- ☎ 02-032-0888　IN 15:00；OUT 12:00
- 雙人房฿16,000起　BTS Saphan Taksin站4號出口步行15分鐘，建議搭計程車前往或是酒店接駁船較為便利
- Wi-Fi無線網路：客房與公共區域免費

MAP　官網

地下鐵「MRT Lumphin」MRT倫披尼站，出站就可看到號稱曼谷中央公園的「Lumphin Park」倫披尼公園。有著大片綠意與水池的自然環境，宛如城市的綠洲，許多曼谷當地民眾都會在一大清早或是傍晚時分來這裡跑步或是運動。未來全新登場的「One Bangkok」也會為本區注入全新活力，讓人十分期待！

源自法國米其林三星主廚亞洲首店

J'AIME
by Jean-Michel Lorain

位在「U Sathorn Bangkok」酒店內「J'AIME by Jean-Michel Lorain」頂級法國料理餐廳，用餐環境極為特別饒富創意，整體是以上下顛倒的方式設計。只要仔細瞧瞧，就會發現酒吧內的酒瓶全部是以倒立的方式陳設的；整間餐廳內的吊燈也是倒過來的方式展示；其中最大的亮點則是天花板上還有一架倒立的透明鋼琴，閃耀著不同的顏色，讓用餐時刻增添不少一種樂趣。

雖然主打法國料理，但主廚為了配合亞洲人的口味，這裡也特別使用了泰國各地的當令食材、融合在原本設計的法國料理菜色之中。除了上菜、擺盤極具藝術感之外，也把食物的美味發揮到極致！值得一提的是，如果預算不多，又想體驗相當於米其林三星等級的餐點，「J'AIME by Jean-Michel Lorain」特別推出午間套餐，價位合理฿1,700起，讓人驚艷，就算不是酒店住客專程來吃也值得！

D A T A

- 🏠 105/1 Ngam Duphli Alley ,Bangkok
- ☎ 02-119-489　⏱ 12:00～14:30 中餐；18:00～22:00 晚餐（週二、週三休息）
- 🍽 套餐฿1,700起（需外加10%服務費與7%政府稅）
- 🚇 MRT Lumphin站步行15分鐘或搭車前往約5分鐘
- 📋 有dress code-Smart Casual，用餐請務必提前訂位

MAP

官網

名廚中式新派午茶

T Break

吃膩了一般午茶，不妨試試由泰國名廚Chef Man Wai Yin為「T Break」所創作的中式午茶饗宴！位在Sathorn沙吞區一棟優雅的別墅「Baan Turtle」之內，是一個家人和朋友可以在優雅而舒適的環境中聚會用餐的地方。

目前「T Break」主打令人驚嘆的中式下午茶（Chinese Afternoon Tea）包括手工製作的港式鹹點，其中可愛金魚造型的魚餃、代表長壽含意的烏龜造型叉燒包以及在華人文化中代表吉祥動物造型甜品，都是Chef Man Wai Yin精心製作的美點，搭配上精心挑選最優質的中式茗茶，都讓「T Break」極為與眾不同。

DATA

- 🏠 31 Soi Suan Phlu 2, Suan Phlu Road,Bangkok
- ☎ 064-257-6578　🕐 11:00～16:00
- 💰 單人午茶฿1,199起（需外加10%服務費與7%政府稅）　🚕 搭車前往較為方便
- 📝 純手工製作，要前來享享用午茶，務必要提前一天預訂

MAP

IG帳號

達人推薦

正在尋找曼谷值得拍 Instagram 的隱祕地點嗎？那麼這裡絕對適合你。完美東西融合，甜鹹美味，室內空間也非常好拍。

Panakorn Jaiwangyen
SOtraveler.com總編輯
IG: sotraveler

U沙吞曼谷酒店
U Sathorn Bangkok

　　如果想尋找曼谷市區擁有悠閒風情的度假村，「U Sathorn Bangkok」U沙吞曼谷酒店絕對是首選之一。位在曼谷小巷的深處，踏進開放式的接待大廳，映入眼簾是極為挑高的大廳，視野立即開闊。以白色為整體客房設計主調，展現悠閒的法式氛圍。不限入住時間，可以住滿24小時才退房的制度，對於紅眼班機的旅客來說CP值非常高。

DATA

- 🏨 Thung Maha Mek, Sathon, Bangkok
- ☎ 02-119-4888　🕐 IN 14:00；OUT 14:00
- 🛏 雙人房 ฿6,000起　🚇 MRT Lumphin站步行15分鐘或搭車前往
- 📶 Wi-Fi無線網路：公共區域與客房免費

MAP　　官網

非常曼谷酒店
SO/ Bangkok

DATA

- 🏨 2 N Sathon Rd, Silom, Bang Rak, Bangkok
- ☎ 02-624-0000　🕐 IN 15:00；OUT 12:00
- 🛏 雙人房 ฿6,000起
- 🚇 MRT Lumphin站步行10分鐘
- 📶 Wi-Fi無線網路：公共區域與客房免費

MAP　　官網

　　該酒店曾被世界知名設計雜誌《WALLPAPER》所極力推薦，是設計人士必訪的酒店之一！「SO/ Bangkok」非常曼谷酒店邀請到法國時裝設計師「Monsieur Christian Lacroix」克里斯汀·拉克魯瓦，設計飯店員工的制服以及位於飯店25樓的行政樓層「Club Signature」經典俱樂部。除此之外，飯店邀請了5位泰國知名設計師，以中國五行，也就是金（METAL）、木（WOOD）、水（WATER）、土（EARTH）設計客房概念與火（FIRE）為主題貫穿餐廳主軸，極為與眾不同。

與眾不同的高空酒吧

Hi So

抵達「SO/ Bangkok」非常曼谷酒店最頂層的29樓，眼前看到的是迷人「Lumphini Park Bangkok」倫披尼公園與被高樓燈火包圍的曼谷夜景。因為「HI SO」高空酒吧的樓層不是很高，可以近距離看到沙吞路的閃亮車河，彷彿與美國紐約中央公園般相同夜景呼應。除了招牌的創意雞尾酒之外，搭酒的亞洲風味小點同樣美味，價格合理，是曼谷目前極受到歡迎的酒吧之一。

DATA

- 🏠 2 N Sathon Rd, Silom, Bang Rak, Bangkok
- ☎ 02-624-0000　🕐 17:00～00:00
- 💰 ฿280起（需外加10%服務費與7%政府稅）
- 🚇 MRT Lumphin 站步行10分鐘

MAP　　官網

DATA

- 🏠 21/100 S Sathon Rd, Thung Maha Mek, Sathon, Bangkok　☎ 02-679-1200
- 🕐 17:00～01:00
- 💰 ฿500起
- 🚇 自MRT Lumphin 站步行10分鐘

MAP　　官網

室內版本高空酒吧

Vertigo TOO

曼谷知名酒吧「Vertigo」的室內版「Vertigo TOO」，位於經典酒店「Banyan Tree Bangkok」曼谷悅榕庄酒店的60樓。「Vertigo TOO」帶來高樓室內城市夜景，連昭披耶河美麗景色也一覽無遺，吸引無數國際旅客到訪，就算是下雨天也不用擔心。除了招牌雞尾酒之外，餐點同樣美味，來這用餐也是不錯的選擇。

地下鐵「MRT Samyan」MRT三燕站，一邊是知名的「義德善堂」、另一邊出站就可看到深受泰國年輕人喜愛的全新的「Samyan Mitrtown」。因為都是24小時營業，讓附近朱拉隆功大學的學生晚上都有地方可去，極為特別。

Samyan Mitrtown
山燕新城購物中心

泰國年輕人最愛的新商場之一

　　位於地鐵站旁的多功能購物、辦公、住宅和休閒綜合商場。除了「Triple Y Hotel」酒店之外，「Samyan Mitrtown」購物中心應該是遊客最喜愛的曼谷地標之一。除了宛如太空空間的大型隧道可拍照之外，還有許多餐廳、商店以及24小時營業的「Big C Foodplace」，晚上沒地方去的話可以過來這裡逛逛。

DATA

🏠 944 Rama IV Rd, Wang Mai, Pathum Wan, Bangkok ☎ 02-033-8900
🕐 24小時
🚇 MRT Sam Yan 站2號出口

MAP

官網

━━━━ **DATA** ━━━━

🏠 315 Phaya Thai Rd, Pathum Wan, Bangkok
☎ 02-160-5100 🕐 11:00～22:00
💰 ฿1,000起 🚇 MRT Sam Yan站2號出口，
Chamchuri Square內1樓
📋 常客滿，建議打電話訂位

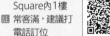

MAP　　　官網

曼谷最知名的海鮮餐廳之一

建興酒家
SOMBOON SEAFOOD

　　這應該是曼谷最知名的海鮮餐廳之一，雖然價格可能比華人街的路邊攤海鮮價位稍高一些，但因為餐廳的環境乾淨、明亮、有冷氣、服務好，而且海鮮新鮮，所以對於遊客來說，這是比較合適的選擇。「SOMBOON」建興酒家最知名的就是咖哩炒蟹，如果怕剝殼麻煩，還可以選擇單純只有蟹肉的咖哩炒蟹，美味的醬汁，光澆在白飯上就可以吃下好多碗，這就是「SOMBOON」建興酒家的招牌料理。

美味的咖哩炒蟹（Fried curry crab）。

愛心不分國界 捐棺做善事

義德善堂

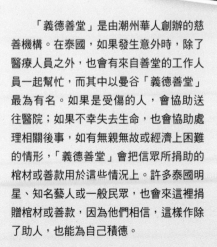

　　「義德善堂」是由潮州華人創辦的慈善機構。在泰國，如果發生意外時，除了醫療人員之外，也會有來自善堂的工作人員一起幫忙，而其中以曼谷「義德善堂」最為有名。如果是受傷的人，會協助送往醫院；如果不幸失去生命，也會協助處理相關後事，如有無親無故或經濟上困難的情形，「義德善堂」會把信眾所捐助的棺材或善款用於這些情況上。許多泰國明星、知名藝人或一般民眾，也會來這裡捐贈棺材或善款，因為他們相信，這樣作除了助人，也能為自己積德。

如何捐助棺材與善款

❶到「義德善堂」詢問處捐款與填寫粉紅色功德單，會拿到一張捐款憑證。
❷把粉紅色功德單貼在一旁任一棺木上。
❸取20炷香，拜廟裡面的六尊神佛像及虎爺（各3柱），左右門的天公各1炷香。
❹把「義德善堂」給的捐款憑證放到焚化香爐裡燃燒，以上報天庭。

━━━━ **DATA** ━━━━

🏠 728/3 Rama 4 Rd, Bangkok
🕐 24小時
🚇 MRT Sam Yan站1號出口旁。
若搭計程車前往，可和司機說
Wat Hua Lamphong

MAP

曼谷耀華力路周邊或稱為中國城、是古時候華人與泰國歷史文化融合的大本營，充滿懷舊的氛圍彷彿時間暫停！自從MRT地鐵開通之後，前來這裡逛街、吃宵夜與購物，都變得更為方便，不僅是泰國人，連歐美遊客或是喜歡古老建築的遊客一定要來。

I'm ChinaTown
我是中國城

以各式餐廳為主要賣點

應該是這區唯一現代化的商場「I'm Chinatown」我是中國城。商場內有各式連鎖餐廳、飲料店、甜點店、伴手禮專門店、藥妝店、美髮沙龍、健身房，同時這的洗手間也比較乾淨，如果在中國城逛累了，也可來這裡吹吹冷氣，或是到位在3樓知名連鎖按摩品牌「Let's Relax」好好按個摩休息一下。

DATA

🏠 531 Charoen Krung Rd, Pom Prap, Pom Prap Sattru Phai, Bangkok

☎ 02-225-4245　　⏰ 10:00～21:00（周末營業至22:00）

🚇 MRT Wat Mangkon站1號出口過馬路

MAP　　　官網

Sampheng
批發一條街

熱門批發市場之一

　　在耀華力路的小巷內，有一條小巷「Sampheng」三聘街，一路從昭披耶河岸延伸到這裡，是早期華人經營批發地方。直到現在，這裡也是熱門的批發市場之一，鞋子、包包、服飾、文具、髮飾、項鍊、配件等等什麼都有，而且價格真的非常便宜，難怪有許多泰國人或外國遊客都推著行李箱過來大採購。

─── *DATA* ───

🏠 Sampheng, Soi Wanit 1, Bangkok
🕐 04:00～16:00
🚇 MRT Wat Mangkon站1號出口步行約15分鐘

MAP

歷史傳承經典酒店
曼谷王子宮殿酒店
Prince Palace Hotel Bangkok

　　連接歷史與現代曼谷的「Prince Palace Hotel Bangkok」曼谷王子宮殿酒店，原址曾是泰國拉瑪五世國王之子、元帥王子Kromaluang Nakhon Chaisri Suradej 的 Mahanak宮殿，極具歷史價值，酒店因此而得名。部分客房面向曼谷的知名地標「Wat Saket,The temple of the Golden Mount」金山寺，可以近距離欣賞到在夜晚閃耀著金色光芒的主塔，因此深受歐美遊客喜愛。

─── *DATA* ───

🏠 488/800 BoBae Tower Damrongrak Rd,Bangkok　☎ 02-628-1111
🕐 IN 15:00；OUT 12:00　🛏 雙人房 ฿1,500起
🚇 MRT Wat Mangkon站在1號出口搭車約20分鐘
📶 Wi-Fi無線網路：公共區域與客房免費

MAP

官網

百年歷史餅舖

鄭老振盛

　　離地鐵站不遠的「鄭老振盛」，是許多老泰國華僑從小吃到大的超知名餅店。開業超過百年，供應傳承歷史美味的各式潮州風味糕餅，全部由師傅手工製作；甜的、鹹的甚至是辣的口味都有，雖然店舖看起來很復古，但卻有著古老的韻味。每到中秋節還會推出特製月餅，裝入從開業至今仍沿用的古老圖案紙盒內，十分特別。

DATA

- 🏠 4 Soi Yawaphanit,Bangkok
- ☎ 02-224-2142
- 🕘 09:00～17:00
- 🚇 MRT Wat Mangkon站1號出口步行約5分鐘

MAP

近百年歷史的老咖啡店

益生老店

　　清晨就開門營業的「益生老店」，是一間擁有近百年歷史的老咖啡店。

　　從1927年開業至今，據說是中國城內第一間咖啡店，提供當地民眾道地的中式咖啡。最特別的是這裡的常客，幾乎都是上了年紀的老顧客，點上一袋冰咖啡放在小水桶內，看看報紙或是滑滑手機，就可以一路坐到中午，真的非常愜意。

DATA

- 🏠 107 Phat Sai, Samphanthawong, Bangkok
- 🕘 04:00～20:00（周一至18:00）
- 🚇 MRT Wat Mangkon站1號出口步行約10分鐘

MAP

在地人
從小喝到大的
熟悉味道

益生甫記

　　前往「EK TENG PHU KI」益生甫記！這是一家擁有100多年歷史的老字號復古咖啡館。從1920年開業至今，是許多在地人從小喝到大的熟悉味道。經過裝修之後，呈現全新面貌，吸引了更多泰國當地網美以及外國遊客前來朝聖！

　　這裡的招牌餐點，香蘭葉醬烤吐司與傳統泰式黑咖啡。有著焦香味的炭烤吐司，抹上超級濃郁的香蘭葉醬和奶油，配上一杯泰式古老咖啡，就是經典美味，店家還會送上一杯無糖熱茶。如果覺得喝起來太甜，把整杯熱茶到入泰式古老咖啡內拌勻，才是最在地的吃法！

DATA

🏠 163 Phat Sai, Samphanthawong, Bangkok
☎ 02-221-4484　🕐 05:00～19:00
💰 ฿30起
🚇 MRT Wat Mangkon站1號出口步行約7分鐘

MAP

IG帳號

米其林必比登美食

陳億粿條
Nai Ek Roll Noodle

入選泰國米其林必比登美食「Nai Ek Roll Noodle」陳億粿條，創立於1960年，是中國城內熱門店家！主打「泰國粿汁」，也就是大家熟悉的「粿條」，以泰國米磨成漿製作而成，多為條狀，順滑好入口，是泰國潮州華僑的家傳美食。配上陳億招牌酥肉、豬雜十分美味。其他像是豬腳飯、肉骨茶、燉竹笙湯，同樣不能錯過。

每到用餐時刻幾乎客滿，需要排隊等候。

D A T A

🏠 452, Yaowarat Rd, Bangkok
☎ 02-226-4651
🕐 08:00～24:00
🚇 MRT Wat Mangkon站1號出口步行約5分鐘

MAP

耀華力路好吃麵包

Yaowarat Toasted Buns

來到耀華力路的中間路段，一定會看到這攤顧客超多、大排長龍擁有40多年歷史「Yaowarat Toasted Buns」耀華力路好吃麵包，客人多以本地人為主。一份只要฿25的碳烤土司，可以選擇的醬料共有14種口味，包含砂糖奶油、牛奶、香蘭葉卡士達、辣椒、泰式奶茶等等，店家給的醬料超多，呈現爆漿狀態，現場享用美好滋味。

D A T A

🏠 442, Soi 9, Yaowarat Rd, Bangkok
☎ 065-553-3635
🕐 17:00～24:00（賣完會提早打烊）
🚇 MRT Wat Mangkon站1號出口步行約10分鐘

MAP

泰國百年草藥伴手禮

旺大夫慕丸堂

　　這一棟建於1924年優美的中葡風格優雅建築「Bamrungchat Satsanayathai，就是「Mowaan」旺大夫慕丸堂的原址。Mo是醫生的泰文發音，大家都叫創辦人MoWaan或是Dr. Waan Rodmuang，他是泰國拉瑪王朝第五世王到第八世王時期，是極為有名的泰醫醫生。旺大夫慕丸堂隱身在大皇宮附近、大鞦韆（The Giant Swing）小巷弄內，以弘揚泰國古式療法與泰國傳統草藥為責任。

　　目前傳承至第四代，堂內展示著許多古董老件，訴說著從古至今的百年故事，十分有味道。時至今日，「Mowaan」旺大夫慕丸堂也將古時候的藥粉轉變成藥丸形式，同時使用鐵盒、玻璃罐、金線刺繡的麻布袋、文青風格包裝，因此受到泰國年輕族群的喜愛。無論是「Ya Hom」四種類的鼻通、按摩油、按摩膏、洛比美藥或是百年明星商品「持集含片」類似行量散可幫助消化、提神醒腦，都是泰國極少見、達人級的泰國珍貴伴手禮。

DATA

- 🏠 9 Soi Thesa Bamrungmuang Rd, Bangkok
- ☎ 02-221-8070
- 🕐 09:00~17:00
- 💰 ฿38起
- 🚇 自MRT Sam Yot
  站搭車約15分鐘

 MAP　 官網

絕美曼谷市立圖書館

曼谷市立圖書館
Bangkok City Library

在2013年被聯合國教科文組織評為世界圖書之都之後,「Bangkok City Library」曼谷市立圖書館於2017年4月開幕,正式開放給民眾使用。「Bangkok City Library」建築物外型是柔和的暖鵝黃色,一共有4個層樓,每一個層都有各自的獨特風格與主題,讓人彷彿置身歐洲優雅圖書館!外國遊客如想入內參觀,需攜帶護照正本,可免費申請一日參觀通行證。

D A T A

🏠 39 Ratchadamnoen Ave, Talat Yot, Phra Nakhon, Bangkok ☎ 02-282-0680
🕐 09:00～20:00(週一及國定假期閉館)
🎫 免費參觀
🚇 MRT Sam Yot 站步行約10分鐘
🚶 步行可到考山路

MAP　　　官網

D A T A

🏠 248 Chiang Mai Rd, Khlong San, Bangkok
☎ 02-282-0680　🕐 08:00～20:00
🎫 免費參觀　🚇 BTS Khlong San站步行約15分鐘
🚶 受疫情影響,部分店家正在調整與恢復當中

MAP　　　官網

中式風格歷史庭園

廊1919
Lhong 1919

建於19世紀,曾經是中國商人在昭披耶河沿岸運送貨物的倉庫與港口。今日,這裡是想要體驗曼谷歷史和文化的遊客和當地人的熱門去處。整體建築令人印象深刻,展示融合西方影響的中國傳統建築。經過修復的內部設計精美,讓人一窺19世紀中國商人的生活。這裡還有許多商店和餐館,提供傳統的華人紀念品和美味咖啡。河濱位置享有昭披耶河的壯麗景色,連大型的戶外塗鴉都以中式元素為主,是欣賞中泰歷史文化融合的絕佳去處!

百年宮殿內的古典咖啡館

Café Narasingh

DATA

- 🏠 315 Ratchathewi Rd, Bangkok
- ☎ 064-462-3294
- ⏰ 08:30～19:00（週一至週六）；10:00～19:00（週日）　💰 ฿55起
- 🚇 BTS Victory monument站，沿Rajavithi路走路約15分鐘，大約1公里的距離，在Phra Mongkut Hospital醫院旁邊，位於Phyathai Palace內
- 📋 雖然抵達這裡要花一些功夫，但絕對值得一來；這裡只有13桌，如果客滿時，會需要稍微等待一下

MAP　　官網

一推開木質框的玻璃門，踏進這個極為古典的「Café Narasingh」咖啡館，放眼看去，無論是天花板的圖案、古典風格吊燈、牆面的木頭雕花、老式皮質沙發等，都能讓人感受到當時王宮的尊榮優雅，散發強烈的歷史感，時間彷彿在這停了下來，這是因為這裡的裝潢、空間，都必須依照當時的擺設，不能有所更動，所以才能保留住當時暹羅的古典氛圍。音響流洩出泰國古典音樂，喝上一杯咖啡，看著牆上老照片，腦中想像著當時景象，讓人不禁感動。

超人型戶外景觀餐廳

巧克力村

Chocolate Ville

DATA

- 🏠 23 1-16 Prasert-Manukitch Rd, Ram Inthra, Khan Na Yao, Bangkok　☎ 065-518-8781
- ⏰ 15:00～24:00
- 💰 ฿800起
- 🚇 從曼谷市區搭計程車來回較為便利，單趟約฿500

MAP　　官網

如果是第一次看到這個名稱，應該都會以為到了巧克力工廠。事實上，這是個位於曼谷市郊，以戶外小鎮形式經營，集歐式建築、小橋、流水的超大型戶外景觀餐廳。無論是白色燈塔、紅色磚房、綠色溫室、棕色木屋等等，都能讓人盡情拍照留念。來到這會發現每位客人都非常享受拍照的樂趣，尤其是傍晚夕陽西下時刻，更能拍出許多色彩多變的夢幻美照。「Chocolate Ville」巧克力村分為室內室外不同的用餐空間，室內只會在雨季或下雨天時才開放。

Ayatthaya，被聯合國教科文組織
列為世界文化遺產的泰國大城。

曼谷出發
周邊小旅行
24 ➤ 72 hrs　Small Trip From Bangkok

距離曼谷不遠的
私房景點

感受古樸的寺廟和古老的曼谷原貌，這裡有很多亮點，例如水
上市場、百年寺廟、當地市集。
來一場曼谷周邊小旅行，享受旅行美好時光，你喜歡這樣安排
嗎？我確信有一個地方絕對適合你，等你來發掘它。

芭達雅
PATTAYA

你對「PATTAYA」芭達雅的印象是什麼呢？從曼谷出發大約2～3小時就可抵達這座濱海城市！擁有得天獨厚的好條件，除了是泰國人周末喜愛過來度個小假期的首選、也是歐美人士最愛、最便利的泰國濱海城市之一！除了水上活動之外，許多大型購物商場、OUTLET、水上遊樂園、海鮮餐廳、夜市、水上市場等經過了疫情這幾年的空白，不知道她有那些變化呢？

曼谷往芭達雅交通

芭達雅位於曼谷東南方，一下飛機從「Suvarnabhumi Airport」蘇凡納布國際機場直接前往芭達雅：搭乘機場巴士票價฿143，車程約2小時、搭乘計程車約฿1,500起；從曼谷市區前往芭達雅：前往巴士總站搭乘巴士票價฿143，車程約3小時、搭乘迷你小巴Mini Van票價฿150起，車程約3小時。推薦Bell Travel Service，可包含曼谷與芭達雅的飯店轉接送服務，省去舟車勞頓時間（belltravelservice.com）；多人建議包車較為便利。

DATA

📍 456, 777, 777/1 Moo6 Pattaya Sai Song Rd, Chon Buri
☎ 033-079-777
🕐 11:00～22:00
🚇 市區5分鐘車程或乘坐環繞路線藍色雙條車

MAP　　官網

Terminal 21 Pattaya
航站二十一芭達雅

戶外真實比例飛機超吸睛

其他「TERMINAL 21」航站二十一商場所沒有的大型戶外造景！「航站二十一芭達雅」，戶外有著一架1:1的波音737客機，真的非常驚人，下方還有還原飛機跑道的燈光，極為逼真。館內各式餐廳、甜點店、大型超市、伴手禮店、按摩店、流行服飾等一應俱全；各種好拍照的雕塑與浮誇廁所等，都比曼谷的航站二十一還厲害，連當地泰國人也愛來逛這裡。

CENTRAL PATTAYA
尚泰芭達雅百貨

與曼谷同步流行商場

　　芭達雅市區雖不大，但卻有著與曼谷同步流行的「尚泰芭達雅百貨」，位於芭達雅最熱鬧的正市中心，一邊走過馬路就是「Pattaya Beach」芭達雅海灘，地理位置十分出色。除了擁有許多芭達雅獨家的餐廳、品牌之外，其中「THAI.THAM」是專門販售泰國設計師的選品專區，包含服裝、鞋履甚至到泳裝品牌都有；而「Hug Craft」則是以泰國少數民族手工製作的藍染服飾、配件、紀念品為主，極為特別。

DATA

🏢 333,Moo 99, Chon Buri
☎ 033-003-999
🕐 11:00～22:00
　（週五～日至 23:00）
🚇 正市中心

MAP　　IG帳號

DATA

🏢 451/304 Moo 12 Sukhumvit Rd, Chon Buri
☎ 088-444-7777　🕐 09:00～19:00
💵 ฿200～฿800
　（依專案內容不同）
🚇 離市區大約20分鐘車程，搭車前往較便利

MAP　　官網

Pattaya Floating Market
芭達雅四方水上市場

芭達雅知名景點之一

　　創立於2008年，這裡融合了來自泰國北部、東北、中部區域以及泰國南部四大區域的文化、舞蹈、美食特色，還有手搖船可以體驗。水上市場內泰國鄉村風格用餐區，水道兩旁有許多商家直接在船上料理、販售各種泰國美食像是烤豬肉串、涼拌青木瓜沙拉、烤大頭蝦、泰式奶茶等等，大家席地而坐體驗泰式風情，在這用餐好不熱鬧。如果意猶未盡，後方還有泰式文化村，展示著泰國古時候的房子、生活起居，可以更了解泰國文化。

─ DATA ─

🏛 206 Soi Na Kluea 12,Chon Buri

☎ 038-110-653　🕐 08:40～17:00

💰 ฿500（成人票、可上官網查詢免費中文導覽時段）

🚗 離市區大約10分鐘車程，搭車前往較便利

MAP　　官網

世界最大木雕博物館

芭達雅眞理寺

Sanctuary of Truth Museum

　　令人歎為觀止「Sanctuary of Truth Museum」芭達雅真理寺，位於芭達雅北邊、離市區大約20分車程的海邊，可以俯視芭達雅港灣。從西元1981年到今日，仍在持續建造，尚未完工，寺內最高的地方約有105公尺，無比壯觀。進來參觀，都必須戴上白色工程帽以策安全，除了地基以外，完全不使用釘子，整體建築物與雕木刻，無論大小細節，全部都使用泰國柚木建造而成，散發著迷人木頭香味。以泰國文化、宗教、藝術、神話為主軸，是可以了解泰國文化極為特別的景點之一，是一座巧奪天工的藝術博物館，處處精細，帶給人一種遺世獨立神聖感受。

大人小孩都喜歡

暹羅
冰雪世界

Frost Magical Ice of Siam

　　全芭達雅最冷的地方！雪白無暇「Frost Magical Ice of Siam」冰雪魔幻世界，這裡分為兩區，戶外一整區是類似冰雕的裝置藝術。純白色沙雕區，完美重現各種泰國神話裡的神獸沙雕，極為潔白美麗，但一定要注意防曬！「冰雕樂園」則是超冷零下15度的室內區域，在這可以體驗冰塊做成的溜滑梯、嘟嘟車、麋鹿雪橇、冰塊酒吧等等，從大型溜滑冰梯滑下來超有趣，大人小孩都玩得不亦樂乎！

DATA

🏠 75/6,Nong Pla Lai,Chon Buri
☎ 063-665-3995　🕐 09:00～19:00
💰 ฿600（包含禦寒大衣、雪鞋、一小杯飲料）
📍 離市區大約15
　　分鐘車程，搭車
　　前往較便利

MAP　　官網

世界十大美麗花園之一

東芭樂園文化村

Nong Nooch Tropical Garden

芭達雅市區往南大約15公里的地方，有著一座占地約600英畝，為世界十大美麗花園之一的「Nong Nooch Tropical Garden」東芭樂園！這裡原本是一座私人花園，直到1980年才正式對外開放，園區範圍極大，包含美麗的植物園、木偶劇場、巨大仙人掌、法式花園、彩色鳳梨苗圃、迷你巨石陣等等，現場還有泰國傳統舞蹈劇場表演。而位於園區最深處的山谷內，有著金氏世界紀錄認證的「Dinosaur Valley」恐龍谷，包含40多種不同品種，一共315隻大小不一極為逼真恐龍模型，搭配聲光效果，是東芭樂園內的招牌展區，不可錯過。

DATA

- 🏠 34 Na Chom Thian,Chon Buri
- ☎ 081-919-2153　　🕐 08:00～18:00
- 💰 ฿500～฿800（提前上網買票較便宜）
- 🚗 離市區大約25分鐘車程，搭車前往較便利

MAP　　　　官網

歷久不衰親子博物館

3D夢幻立體美術館
Art in Paradise Pattaya

　　有趣的3D夢幻立體美術館，占地約5,800平方公尺，超過150幅的作品，打破你對3D照片的刻板印象，無論大人或小孩來到這裡，都會開心地拍照，忘記時間的流逝。近期「Art in Paradise Pattaya」3D夢幻立體美術館，還推出了美術館專屬虛擬實際AR APP，下載之後，可以看到更多現場沒有的特效，能夠拍出更多更厲害的網美照！

DATA

🏠 78/34 Moo9,Pattaya Sai Song Rd, Chon Buri
☎ 085-999-3374　🕐 09:30～21:00
🎫 ฿400（提前上網買票較便宜）
🚌 離市區大約5分鐘車程，從 Terminal 21 Pattaya步行可到

MAP　　官網

芭達雅第一名高空酒吧

水平線高空酒吧
Horizon Rooftop Restaurant and Bar

　　奢華而別緻的熱門地點「水平線高空酒吧」位於「Hilton Pattaya Hotel」芭達雅希爾頓酒店的34樓，在這裡可以欣賞到芭達雅最令人驚嘆的高樓海岸美景！酒吧音樂與燈光十分摩登，正上方有個藍色的大圓圈造型獨特；除了享用雞尾酒放鬆身心之外，餐點水準同樣極高，昰遠離喧囂城市的真正世外桃源。周邊環繞的私人沙發區、高腳椅區以及吧檯座位，都可以感受到舒適柔和的海風。

DATA

🏠 34/F,333/101 Moo 9, Chon Buri
☎ 038-253-000（如要指定座位，需提前先預約）
🕐 16:00～01:00
🎫 ฿270起
🚌 正市中心CENTRAL PATTAYA旁

MAP　　官網

親子最愛芭達雅水上樂園飯店

芭達雅中心點高級飯店

Centre Point Prime Pattaya

　　擁有如此美麗可以遠眺芭達雅海岸線的「Sea View Lounge」看海貴賓室，是位在「芭達雅中心點高級飯店」極高的22樓，是免費提供給酒店住客使用的休憩空間。酒店離市區不遠，共有550間各式房型、高達33樓的飯店，四周無遮蔽，所以視野極佳。大廳走的是清爽的藍色調，以海洋為主題打造，符合芭達雅濱海度假勝地給人的感受。

　　這裡還有專屬酒店住客使用的夏威夷風格水上樂園「THE WAVE」！來到這個樂園可以體驗大型人造浪、玩沙區、發呆亭、滑水梯以及夏威夷酒吧，許多泰國人也愛來這裡度假，因此每到周末總是全部客滿。「Centre Point Prime Pattaya」芭達雅中心點高級飯店不僅價格優惠，游泳池、健身房、KIDS CLUB兒童俱樂部一應俱全，非常適合全家大小親子一同入住！

1 酒店內最大特色「The Wave」水上樂園。 2 大樓四周無遮蔽，視野極佳。 3 無遮蔽高樓美景。 4 充滿趣味的戲水設施，大人小孩都盡興。 5 大型套房房型擁有客廳、廚房設備。

─ *DATA* ─

🏠 275 Moo 6,Sukhumvit Rd Naklua, Chon Buri
☎ 038-186-888　🕐 IN 14:00；OUT 12:00
💰 雙人房約฿1,500起
🚕 計程車或包車前往較為方便
📶 Wi-Fi無線網路：客房與公共區域免費

MAP　　　官網

泰國首間安達仕酒店登場

芭堤雅中天海灘
安達仕酒店

ANDAZ PATTAYA JOMTIEN BEACH

「芭堤雅中天海灘安達仕酒店」隸屬凱悅酒店集團的「Andaz」安達仕品牌，首度登陸泰國，地點選在可以欣賞美麗夕陽的「Jomtien Beach」中天海灘旁，得天獨厚的地理位置，短暫車程即可抵達芭堤雅眾多名勝和熱門旅遊景點，十分便利。

DATA

- 🗺 345 Moo 3 Na Jomtien Sub-District, Pattaya City ☎ 038-221-234
- 🕐 IN 15:00；OUT 12:00 雙人房฿7,000起
- 🚗 計程車、包車前往較為方便
- 📶 Wi-Fi無線網路：客房與公共區域免費

MAP　　官網

市中心風格渡假酒店

安凡尼芭堤雅
度假村

AVANI Pattaya Resort

此處地理超便利鄰近商場、知名「信不信由你博物館」，步行可達芭堤雅夜市，是熱愛夜生活者的首選。飯店高樓海景客房欣賞芭堤雅海景、熱帶氛圍戶外泳池與新增魔術主題房、兒童俱樂部、泳池樂園等，皆受大人與小孩喜愛。著名「Benihana」紅花日式鐵板燒供應美味牛排、海鮮、蔬菜，廚師更會客前表演火焰秀，極具精彩。

DATA

- 🗺 218/2-3 Moo 10, Pattaya City
- ☎ 038-412-120
- 🕐 24小時 雙人房฿4,000起
- 🚗 計程車、包車前往較為方便
- 📶 Wi-Fi無線網路：客房與公共區域免費

MAP　　官網

安帕瓦
AMPHAWA

擁有悠久歷史的「Amphawa Floating Market」安帕瓦水上市場，自古以來就是當地居民採買的小市場，比較不商業化。從曼谷前往安帕瓦可以順道造訪「Maeklong Market」湄功鐵道市場，如果時間允許，不妨在安帕瓦水上市場住上一晚，體驗不同於白天熱鬧的寧靜真實面貌。

曼谷往安帕瓦交通

安帕瓦位於曼谷西南方約100公里的地方，搭車大約需要1.5至2小時左右時間。如果不熟悉交通，建議參加一日遊行程，省時又方便，價格大約฿1,500起；多人建議包車來回較為便利，價格大約฿6,000起。

Amphawa Floating Market
安帕瓦水上市場

DATA

- Amphawa, Amphawa District, Samut Songkhram
- 15:00～20:00（週五～週日）
- 參加一日行程或包車前往較為方便

MAP

曼谷近郊經典路線

　　泰國人最愛的傳統水上市場「安帕瓦水上市場」就位於安帕瓦水上。因為當地的發展速度較慢，所以仍然保留早期水上人家、木造式建築房屋傳統面貌，安帕瓦河岸兩旁所看到的舊式木造建築，已經受到泰國政府保護，不可拆除或任意改建，所以來這裡時，會感受到濃濃的泰式古老懷舊氛圍。從傍晚開始，河道上會開始聚集載滿販售海鮮、烤物、麵食、水果、甜點的船販，熱鬧無比。有機會在此過夜，會發現不同的寧靜魅力，清晨時分和尚會划著輕舟前來化緣，是極為珍貴的體驗！

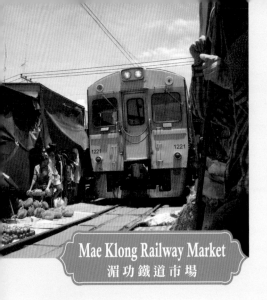

Mae Klong Railway Market
湄功鐵道市場

➡火車出站
06:20、09:00、11:30、15:30
➡火車進站
08:30、11:10、14:30、17:40

火車穿梭市集的奇觀

　　離「Amphawa Floating Market」安帕瓦水上市場不遠的「湄功鐵道市場」，是個平時看起來非常一般的市場，一旦有火車要經過時，延著鐵道旁做生意的攤販，就會同時、迅速把攤位、遮陽傘收起來的有趣景點，親身體驗更特別。每天來回擺放8次，但有時火車會誤點，如果抵達時沒看到，不妨多等待一下，建議半小時前抵達這裡，絕對值回票價。

DATA

🏠 Mae Klong Railway Market, Mueang Samut Songkhram District
🕐 08:00～19:00
🚌 包車前往較為方便

MAP

　　已經是泰國皇家級寺廟的「班藍寺」，是一座歷史悠久的佛寺！根據記載，這尊佛像是班藍村民在湄功河捕魚時意外撈到的，也陸續發生過許多傳奇神蹟，深受敬重，是座醫治之寺。寺中所販售的多種大小尺寸的金手環，是由金箔填裝製成，上方刻有經文可保平安，深受信眾青睞。

保平安知名寺廟

班藍寺 *Wat Ban Laem*

DATA

🏠 Wat Ban Laem,Mueang Samut Songkhram District
🚌 湄功鐵道市場步行約8分鐘，停車場前

MAP

歷史悠久的神奇寺廟

樹中廟
Wat Bang Kung

　　這一座古廟「樹中廟」，根據考古資料證實寺廟建於泰國大城時期，四周被菩提樹與榕樹包圍，十分特別。中間供奉一尊佛像「Bot Prok Pho」，泰國人認為這裡求財富、求事業都很靈驗，因此香火絡繹不絕。如果宗教信仰不同，當作文化景點參觀也是不錯的。

―― *D A T A* ――

🏠 Wat Bang Kung ,4 Bang Kung, Bang Khonthi District, Samut Songkhram

🚋 參加一日行程或包車前往較為方便

MAP

栩栩如生雕塑

泰拳公園

　　就在「樹中廟」隔壁，算是同一景點。這裡供奉「King Naresuan」納瑞宣王，據說是泰拳的始祖，來到這裡不僅可以欣賞有趣的泰拳人形雕塑，擺出打泰拳的各種姿勢，還可了解有關泰拳的歷史文化。許多遊客來到這裡也會擺出相同姿勢與雕塑合照，十分有趣。

―― *D A T A* ――

🏠 4 Bang Kung, Bang Khonthi District, Samut Songkhram

🚋 參加一日行程或包車前往較為方便

MAP

華欣 HUA HIN

自古以來就是泰國貴族最愛的度假勝地，同時擁有泰國王室避暑勝地美譽的華欣，位在曼谷西南方、臨近泰國灣，擁有純淨的白色沙灘與美麗海洋，同樣深受歐美家庭遊客的喜愛！如果來到華欣，在濱海酒店或是私人渡假村內放鬆、享受優閒的時光，是最標準的玩法；晚上再到華欣夜市享用新鮮海產、體驗泰式按摩或是購物，都能讓華欣之旅更加難忘。

曼谷往華欣交通

華欣位於曼谷的南方，如果想要去華欣旅遊，建議直接從機場前往華欣、玩個3天2夜之後再回到曼谷，是較常見的旅遊方式。從機場直接搭乘前往華欣大巴士車程約3.5至4個小時，฿325；多人建議包車來回較為便利，平均下來一個人價格大約฿1,000至฿2,000之間；或是參加一日遊來回也可以，฿2,000起。

DATA

- 🏠 83/159 Nong Kae Village, Hua Hin
- ☎ 099-669-7161
- ⏰ 16:30～23:00（週五至週日營業）
- 🏨 華欣凱悅酒店（Hyatt Regency Hua Hin）酒店入口前Khao Takieb-Hua Hin Road

MAP　　官網

Cicada Market
華欣蟬創意市集

超好逛超好買

　　與一般夜市不同，「華欣蟬創意市集」，是以設計、創意、手作商品和美食為主的創意市集。裡面分為販賣獨家創意商品區，包含藝術、畫作專區；戶外有表演專區以及美食廣場。這裡大部分販售的多為獨家商品，是其他夜市所看不到的，運氣好還會遇到戶外音樂、戲劇表演，讓逛街成為一種享受。

優雅泰國古蹟

愛與希望之宮

Mrigadayavan Palace

以1080支土柱支撐起「愛與希望之宮」，是由上等柚木所打造的高腳宮殿！泰國拉瑪六世王建築這座宮殿，是為了寄望愛妃能在這個優美、宜人的環境調養，生個小王子，雖然最後未能如願，但也留下了這座美麗的宮殿訴說著往日的動人故事。有著濃厚的歐式風情的建築，內部仍然保留著古時候的照片、書房、寢室、客房等等，彌足珍貴。

DATA

- 🏠 Mrigadayavan Palace, Cha-am
- ☎ 032-508-444
- 🕐 08:30～16:30（每周三休息）
- 🚌 離華欣市區車程約25分鐘

MAP

華欣超頂級水療中心

巴萊水療中心

The Barai Spa

這是華欣最為高檔的SPA水療「巴萊水療中心」！建築物本身結合了泰國、吳哥窟、摩洛哥等多國風情，要進入這裡必須走過一條暗黑長走廊，讓心靈沉靜下來，進入隱密性極高、極為私密頂級的水療中心！巴萊水療中心以四大元素：水、土、風、火為發想，帶來不同功效的療程，非常受到歡迎。這裡也為「The Barai」的住客提供了瑜珈課程，都能達到深度放鬆的體驗。

DATA

- 🏠 29 91 Nong Kae, Hua Hin
- ☎ 032-521-234　🕐 10:00～19:00
- 💰 ฿4,200起（需外加10%服務費與7%政府稅）
- 🚗 華欣凱悅酒店（Hyatt Regency Hua Hin），入口道路右側

MAP　　官網

人氣海鮮餐廳

Koti Restaurant

在華欣夜市入口對面巷子的人氣泰式料理海鮮名店「Koti Restaurant」，創立於1932年，不僅料理美味好吃，價格也合理，每道料理約在฿150〜฿350，除了當地泰國人大力推薦之外，同樣深受外國遊客喜愛。酥炸蟹肉捲、金錢魚餅、避風塘炸魚、泰式明蝦粉絲煲等等，都是必點的招牌之一。因為料理美味同時價格實在，經常客滿，總會需要排隊候位。

━━ DATA ━━

🏠 61/1 Daychanuchit Road, Hua Hin 57
☎ 095-860-5364
🕐 12:00〜24:00
🚗 華欣夜市入口，馬路對面的巷子的口旁

MAP　　官網

━━ DATA ━━

🏠 59 Naresdamri Rd, Tambon Hua Hin, Amphoe Hua Hin
☎ 032-535-999　IN 15:00；OUT 12:00
🛏 雙人房฿5,000起
🚗 曼谷包車前來較為方便
📶 Wi-Fi無線網絡：客房與公共區域免費

MAP　　官網

摩登渡假村

The Standard, Hua Hin

泰國第一間「The Standard」酒店就在海濱度假勝地華欣！坐落在鬱鬱蔥蔥的花園夢幻景觀當中，被泰國的熱帶植物包圍，只要走幾步路就可到沙灘，一旁就是美麗的泰國灣。擁有199間色彩極為繽紛的各式客房、套房和別墅，同時還有提供SPA水療課程、熱鬧且充滿活力的美麗泳池，以及多樣的餐飲選擇。

華欣大型酒店

華欣阿瑪瑞度假酒店
Amari Hua Hin

擁有便利的好位置，「華欣阿瑪瑞度假酒店」，步行就可到酒店旁的「羅望子夜市（Tamarind Market）」、「華欣蟬周末創意市集（Cicada Market）」。部分房型可以看到中間泳池，帶來悠閒的感受；如果想前往沙灘戲水、欣賞夕陽，這裡也有提供免費高爾球車接送，十分方便。

DATA

🏨 117/74 Takiab Road, Hua Hin
☎ 032-616-600　🕐 IN 14:00；OUT 12:00
🛏 雙人房฿3,000起
🚕 曼谷包車前來較為方便
📶 Wi-Fi無線網路：客房與公共區域免費

MAP　　官網

泳池環繞悠閒酒店

華欣安凡尼臻選酒店
Avani+ Hua Hin

幾乎所有客房都圍繞著潟湖泳池的「華欣安凡尼臻選酒店」，擁有196間色彩繽紛的客房、套房以及私人泳池別墅。如果喜歡游泳，一定要預訂位於一樓的房型，可以從房間直通泳池，隨時都可以游泳。別墅型的房型擁有私人花園、泳池與露天淋浴設計，非常適合情侶或夫妻。

DATA

🏨 1499 Petchkasem Road,Hua Hin
☎ 032-898-989　🕐 IN 15:00；OUT 12:00
🛏 雙人房฿3,000起　🚕 從曼谷前往包車較為方便；離華欣市中心約10分鐘車程
📶 Wi-Fi無線網路：客房與公共區域免費

MAP　　官網

大城
AYUTTHAYA

大城位於曼谷西北方約100公里處，自西元1350年至1767年，曾為泰國第二個首都，不但是年份最久的首都，同時擁有四百多年的輝煌歷史，佛教精髓在此達到顛峰，並深植於泰國文化中。大城古城區在西元1991年被聯合國教科文組織列入世界級文化遺產，參觀景點多為戶外，務必要注意防曬與補充水分避免中暑。

曼谷往大城交通

曼谷前往**大城**車程時間約為1至2小時之間；從大城返回曼谷有時高速公路會塞車，建議抓2至2.5小時。大城每個景點之間來往不是很方便，建議從曼谷包車或是參加一日遊行程較為方便，平均下來一個人價格大約฿1,000至฿2,000之間。如果選擇大城當地的雙條車，務必確認價格是一人還是整台車，以免有紛爭。

大城超人氣景點

瑪哈泰寺
Wat Maha That

為大城最早建造的高棉式佛塔之一，建於西元1374年「瑪哈泰寺」，主佛塔坍塌於宋譚王時期，殿內僅存支撐石柱可見。最受遊客青睞的莫過於佛殿前的「樹中佛頭」，此佛像閉目安詳、沉靜從容，與菩提樹合為一體，是來到大城絕對不能錯過的熱門景點。

DATA

📍 Wat Phra Mahathat, Tha Wasukri,Ayutthaya
🕐 08:00～17:00
🚗 自行包車或參加一日遊較為方便

MAP

全泰國最高大佛

濛寺
Wat Muang

如果來到「大城（Ayutthaya）」，可以順道安排前往附近大約40分鐘路程的「安通府（Ang Thong）」，這裡擁有200多座具有歷史意義的寺廟。而位於金黃色稻田中的「濛寺」，其中有座寬62米、高93米的黃金巨型佛像，不僅是全泰國最高的佛像，也是曼谷近郊新的景點之一，不管近看或是遠觀都氣勢驚人！大佛右手自然垂下，只要向上仰望就能拍出好看的照片。

DATA

🏯 19 Hua Taphan, Wiset Chai Chan District, Ang Thong
🚌 離大城約40分鐘，建議包車前往

MAP　　官網

必訪知名古蹟

崖差蒙空寺
Wat Yai Chaimongkhon

據說是大城最古老的寺廟「崖差蒙空寺」，與其他知名的大城寺廟方向不太一樣，但非常值得一來！由大城王朝第一位國王烏同王建於西元1357年，中間有座十分高的主塔，還有一口相當深的井。周邊佛像算保存得非常完整，在進入雨季之前，這裡還可捐袈裟披掛在大佛像身上，極為殊勝。

DATA

🏯 40 Khlong Suan Phlu, PhraNakhon Si Ayutthaya
🕐 08:00～17:00
🚌 自行包車或參加一日遊較為方便

MAP

華人推崇熱門寺廟

帕楠稱寺／三寶宮寺
Wat Phanan Choeng

擁有一座黃金座佛的「帕楠稱寺」，建於西元1324年，據說是中國明朝使臣三寶太監鄭和下西洋時，曾造訪大城，當地華人為了紀念，便修建此寺，尤其每年10月中旬舉辦的禮佛盛會更是熱鬧。

DATA

🏯 12 Phra Nakhon Si Ayutthaya
🕐 08:00～16:00
🚌 自行包車或參加一日遊較為方便

MAP

莊嚴雄偉佛塔

柴瓦塔那蘭寺
Wat Chaiwatthanaram

建於西元1630年的「柴瓦塔那蘭寺」又稱貴妃寺，位於阿瑜陀耶歷史公園內的一座佛教寺廟，一旁沿著昭披耶河十分美麗。是大城時期的巴薩通王為了紀念他居住在該地區的母親而下令開始建造寺廟，設計風格為高棉式的建築，是大城最雄偉美麗的寺廟之一。

DATA

🏠 Tambon Ban Pom,Phra Nakhon Si Ayutthaya
🕐 08:00～17:00
🚗 自行包車或參加一日遊較為方便

MAP

異國優雅氛圍

邦芭茵夏宮
Bang Pa-In Royal Palace

位於大城邦芭茵區的「邦芭茵夏宮」，是歷代泰國國王的專屬夏日行宮。始建於17世紀，19世紀重建，這裡十分美麗，可以看到歐式、中式、泰式涼亭建築，搭配上修剪整齊的綠樹草皮，大面積的水池，不禁讓人遙想當年美麗。如果來到這裡要注意服裝的規定，必須是有袖子的上衣，露出膝蓋的裙子或是短褲都不可進入參觀，必須要在現場租借沙龍。

DATA

🏠 Bang Pa-In Royal Palace, Tambon Ban Len, Bang Pa-in District, Phra Nakhon Si Ayutthaya
🕐 08:00～16:00 🚗 自行包車或參加一日遊較為方便

MAP

泰國最著名僧侶

龍普托寺廟公園
Maharat Buddhist Park, Luang Pu Thuat

　　已有400多年泰國歷史知名大師「龍普托（Luang Pu Thuat）」，在大城也有一尊極高的佛像，同時外邊還有一個小型市集，整個園區統稱為「龍普托寺廟公園，販售紀念品和當地美食；穿過可以餵魚的大片湖泊，就可以前往參拜「龍普托聖像（Luang Pu Thuat）」。每到周末這裡總擠滿來自周邊城市的泰國民眾，仕這度過輕鬆的假日時光。

DATA

🏠 32 Ban Mai, Ayutthaya
🕐 07:00～17:00
🚐 包車前來較為方便

MAP　　官網

見證泰國歷史之美

昭善帕拉亞國家博物館
Chao Sam Phraya National Museum

DATA

🏠 Pratuchai Phra Nakhon Si Ayutthaya
🕐 09:00～16:00（周一休館）
🚆 自行包車或參加一日遊較為方便

MAP　　官網

　　極具歷史意義的重要博物館——「昭善帕拉亞國家博物館」，館內展示著上千件的歷史文物，大多是大城時期時的考古出土文物，包括古代的珍貴佛像、石雕佛像、陶製品、金雕品、木雕品、畫作等等，都收藏於此。一旁泰式木屋復刻泰國古代的生活樣貌，不時還有期間限定的展覽可以參觀。

考艾
KHAO YAI

新渡假勝地「Khao Yai」考艾！擁有許多被大自然懷抱的頂級豪華渡假村，讓人來到這裡就不想外出。還有一座極為出名的「Khao Yai National Park」考艾國家公園，被聯合國教科文組織列為世界遺產之一！

古典風格五星度假酒店

考艾洲際度假酒店
InterContinental Khao Yai

想讓曼谷旅遊更為特別，不妨把位於曼谷東北大約2.5小時車程即可抵達的「考艾國家公園（Khao Yai National Park）」加入行程內，3天2夜或是2天1夜都很合適！近期在考艾全新登場的「考艾洲際度假酒店」，邀來國際知名建築師Bill Bensley操刀，以鐵路與火車主題，貫穿整座洲際渡假酒店，一開幕就造成話題！

靈感來源是在拉瑪五世王時期，這裡首次建立了鐵路運輸、為前往東北地區的起點，因此酒店大廳接待處設計成宛如泰式古典車站，十分迷人。同時Bill Bensley花了一段時間，回收來自泰國各地的老鐵路車廂，經過大力改造翻新，成為頂級的豪華客房、餐廳、酒吧以及SPA水療中心，讓所有來到這裡的住客忍不住讚嘆！獨家「Planet Trekkers」節目，是為家庭住客提供一系列的免費活動，可以讓孩子們了解大自然、心靈成長、好奇心與創造力提供了學習和體驗新事物的有趣機會。

DATA

🏠 262 Pong Ta Long, Khao Yai
☎ 04-408-2039　🕐 IN 15:00；OUT 12:00
🛏 雙人房 ฿7,000起
🚗 曼谷包車來回較為方便
📶 Wi-Fi無線網路：客房與公共區域免費

MAP

官網

無印風格私人渡假村

魯克基里
考艾渡假村

Roukh Kiri

　　位在「Khao Yai National Park」考艾國家公園旁的「Roukh Kiri」魯克基里考艾渡假村，是一個只有12間仿造穀倉風格的頂級別墅，帶來宛如世外桃源的氛圍。帶上亞麻長褲和一頂草帽是最適合這裡的打扮，在大自然包圍下，盡情享受新鮮空氣。

　　渡假村整體設計以白色、竹子、木質調和樹藤為主，大面積的落地窗將自然光線引進客房；夜晚也可在戶外的浴缸泡澡，親近大自然。室外游泳池、露天餐廳、酒吧以及壁爐，都讓住客可以盡情放鬆。主廚使用取自當地的有機食材、香料、雞蛋，讓料理更為美味。住客還可體驗一系列的活動，包括在考艾國家公園叢林徒步、划獨木舟或是與家人一同夜晚觀星，都能讓假期更為難忘，是一生一次體驗的最佳選擇。

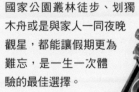

DATA

- 🏠 10 Pong Ta Long, Khao Yai
- ☎ 04-400-1300　🕐 IN 15:00；OUT 12:00
- 🛏 雙人房 ฿6,000起
- 🚗 曼谷包車來回較為方便
- 📶 Wi-Fi無線網路：客房與公共區域免費

MAP

官網

1 3 4 讓人與大自然合而為一的「Roukh Kiri」魯克基里考艾渡假村。　2 無印風格打造而成的自然別墅。　5 使用當地有機農場食材，美味加分。

麗貝島
KOH LIPE

擁有泰國馬爾地夫美譽的「Koh Lipe」麗貝島，位於泰國和馬來西亞的邊境、安達曼海上的一個小島，要前來這個小島需要花一些功夫，交通較為不方便，但對於喜歡海上活動、喜歡潛水的各國遊客來說，這裡真的是天堂！如果來到這裡，建議要待上4天3夜或是3天2夜比較值得。麗貝島開發的時間較晚，島上及周邊的自然生態仍然保存得相當完整，海水透明透徹，海灘白色細砂。

曼谷往麗貝島交通

從曼谷廊曼機場（DMK）搭乘飛機前往位在泰國南部的「合艾國際機場（Hat Yai Airport）」（HDY）；再從機場搭乘小巴前往「巴臘碼頭（Pak Bara）」，車程約2小時；從碼頭搭乘快艇前往麗貝島「日出沙灘（Sunrise Beach）」，船程約1.5個小時，需要涉水上島，不建議攜帶大行李與長褲。建議購買「亞洲航空（AirAsia）」的專屬套餐（亞航官網翻譯為利普島代碼1AE）較為方便，包含來回全部的接送，省時省力！

Walking Street
熱鬧一條街

吃喝玩樂都在這裡

　　島上唯一一條商店街，大部分的餐廳、便利商店、按摩店、旅行社、平價旅館等，都在這條街上。因為天氣很熱，中午之前幾乎店家都不會營業，到了下午或是傍晚才會陸續開門，遊客也紛紛出籠，越晚越熱鬧直到午夜。

·»—— DATA ——«·
🚇 Walking Street

MAP

日出海灘美麗渡假村

Serendipity Resort Koh Lipe

在「Sunrise Beach」日出海灘擁有至高點的「Serendipity Resort Koh Lipe」渡假村，沿著山坡而建造的客房，讓視野無遮蔽。享用早餐的餐廳，可以直接俯視美麗的海洋與沙灘，吹著海風極為舒服。

DATA

🏠 140,Moo 9,Sunrise Beach Koh Lipe, Koh Lipe
☎ 085-080-7197
🕐 IN 14:00
　 OUT 12:00
🛏 雙人房 ฿5,000起

MAP　　官網

夕陽美景餐廳

The Cliff Lipe

位於「Sunset Beach」日落海灘的「The Cliff Lipe」度假酒店，裡面有個擁有無敵夕陽美景的餐廳，就算不是住客，也可以到「The Cliff Lipe」享用夕陽海鮮晚餐或是雞尾酒飲料，非常適合夫妻或是情侶前來。

DATA

🏠 69 Moo 7, Koh Lipe
☎ 085-898-8899（用餐需要提早預約）
🕐 08:00～20:00　🛏 ฿1,000起
🚌 Pattaya Beach方向

MAP

麗貝島半價海鮮

Raklay Seafood Lipe

麗貝島四面環海，因此許多餐廳都主打海鮮料理。「Raklay Seafood Lipe」海鮮餐廳就位在熱鬧的Walking Street路上，很好找。麗貝島所有的物資都是靠船運和人力搬運，因此餐點價格都會比曼谷多至少2倍以上，如果來到這裡吃海鮮，平均一人約฿1,000。

DATA

🏠 Lipe Walking Street, Koh Lipe
☎ 064-616-2942
🕐 09:00～22:00
🛏 ฿300起
🚌 Walking Street上

MAP

必買伴手禮

購物天堂就在泰國！

擁有許多其他亞洲，甚至是歐美國家沒有的特別商品，
如果不知該從何下手，不妨看看尼克幫你精心挑選的
熱門清單！

人氣藥妝 Watsons・Boots

在曼谷到處都可看到的兩大藥妝品牌「Watsons」與「Boots」，店內販售許多人氣美膚美妝與日用品。不少國際保養品牌在泰國都設有工廠，因此商品價格極為便宜，連歐美遊客也愛來這裡搶貨。

曼谷直擊

Mistine 睫毛膏

泰國最知名美妝品牌「Mistine」，邀請泰國一線明星代言，每樣商品都熱賣。明星商品睫毛膏，讓你在炎熱的泰國也不暈染、睫毛濃密、根根分明同時捲翹效果持久。B199

Tepthai 草本牙膏

老牌牙膏品牌「Tepthai」，換了新包裝之後更受到年輕人的喜愛。一共有4種顏色包裝，代表4種熱賣功效，據說一條可以使用350次。B105

Cathy Doll 輕盈粉底

受到泰國年輕人推崇的當地美妝品牌「Cathy Doll」，針對泰國氣候推出的輕盈無光澤粉底，擁有SPF15 PA+++防曬效果，還邀來泰版F4的道明寺、知名演員Bright代言，經常斷貨。B189

NIVEA 維他命 C&E 乳液

因為泰國有「NIVEA」妮維雅的工廠，因此價格極具競爭力！這款新身體乳液卡打50倍的維他命C和E，因此深受喜愛美白的泰國OL歡迎。如有看到促銷定要多搬貨。B119

Dentiste 夜用美白牙膏

泰國生產的「DENTISTE' PLUE White」牙醫選專業夜用美白牙膏，原本就是熱門伴手禮之一，近期找來知名韓團「BLACK PINK」泰籍團員LISA代言。B195

BENNETT
維他命 C&E 美白香皂

純手工製作的泰國當地香皂品牌「BENNETT」，以此款含有維他命C&E美白成分最為熱銷！淡淡的橙香味，讓洗澡時光更為放鬆，送人也合適。B52

Dettol 黃金沐浴乳

當地熱門殺菌沐浴乳品牌，來自英國的「Dettol」滴露。這是泰國獨家香味，珍貴麝香與檸檬草成分、還加入金色閃亮粉末，讓香味與視覺都非常泰國，常推出買一送一活動，超值划算！B199

OK Herbal
染髮洗髮精

含有蝶豆花精華、人參與椰子油的染色洗髮精「OK Herbal」，染色、洗髮兼護髮三合一，是泰國老牌的洗髮泡泡染。小容量包裝使用不浪費，深受大眾喜愛。B49

曼谷直擊

隨處可見的「7 Eleven」便利商店，除了當地民眾很愛之外，對於遊客來說也很便利！三明治、麵包、打拋豬便當、海鮮稀飯、現烤蜜糖吐司、水果、泰式奶茶、口味超多Lay's樂事洋芋片到各式伴手禮等等，在這裡幾乎都可以找到。如果仔細比較，有些商品的價格甚至比「BIG C」還更便宜。

POND'S 防曬痱子粉

小包裝的「POND'S」痱子粉，在氣候炎熱的泰國很受到歡迎。還有許多進化功能版本可以選擇，像是潤色、防曬、美白等等，一小罐隨身攜帶超便利。฿49

Bento 超味魷魚片

經典熱銷零食「Bento」超味魷魚片，除了小包裝之外，要買大包裝吃起來才過癮。除了橙色麻辣、紅色香辣、藍色蒜辣外，不時會推出限量口味，愛吃辣的你絕對要多買幾包。฿20

Soffell 防蚊噴霧

一年四季如夏的泰國，蚊子總是隨處可見，隨身準備防蚊噴霧就很重要。最有名的「Soffell」防蚊噴霧，分經典和清新兩種香味以及大小罐不同容量，非常貼心。฿35

Suandusit 皇家牛奶片

泰國皇家計畫牛奶片，是針對偏遠地區學童牛奶攝取不足，希望透過吃牛奶片獲得鈣質補充，沒想到也引起各國遊客搶購，認明這個包裝就對了，有原味和巧克力口味。฿18

草本仙楂丸

7 Eleven才有的隨身拉鍊包草本仙楂丸，在泰國當地極受歡迎。適合喉嚨不舒服、咳嗽、有痰或無法喝水口渴時，橘色橙皮與黃色梅子口味。฿10

C-vitt 維他命C飲料

來自日本House好侍品牌的「C-vitt」維他命飲料，共有檸檬、柳橙、紅石榴3種口味，冰冰酸酸甜甜富含200%維他命，每天都要喝上一罐。฿16

FISHERMAN'S FRIEND 喉糖

英國老牌喉糖「FISHERMAN'S FRIEND」，在泰國能買到最多口味，原味、櫻桃、柑橘、綜合莓果，近期還有限量版巧克力口味，真的超特別，不定期還會有買一送一促銷，可多注意。฿37

可爾必思蘇打

在泰國同樣受到歡迎的日本可爾必思，易開罐的「可爾必思蘇打」，比一般可爾必思加美味，加入氣泡以及熱帶水果、水蜜桃櫻花口味，非常有熱帶風情！฿15

擁有許多其他國家沒有的特殊口味餅乾與零食，充滿創意、可愛又特別的包裝，每一樣餅乾都在向你招手，好想全部都搬回家。

PRETZ 餅乾棒

幾乎每個遊客都會整箱搬貨的「PRETZ」人氣餅乾棒，擁有多種口味，不定期還會推出限定口味。泰國獨家限定酸辣蝦湯口味、香蕉口味。฿10

THONG AMPAI 招牌米餅

使用優質泰國米製成的美味米餅品牌「THONG AMPAI」，上方有著各式的堅果、南瓜子、葡萄乾、腰果，撒上微烤過的芝麻，香脆十足，增添多層次的香味。฿69

EURO 蛋糕

老牌糖果品牌「EURO」，人氣十足的內餡蛋糕，以香蘭葉口味最受歡迎，適合下午茶享用。另外還有香蕉、卡士達奶油和草莓口味也很美味。฿45

IMPERIAL 奶油餅乾

老牌丹麥奶油餅乾「IMPERIAL」，用最簡單的原料奶油、麵粉、糖，味道單純、價格實在，所以長年熱銷。鐵盒包裝很特別，還有大小不同尺寸，大人小孩都喜歡。฿87

LOTTE 小熊餅乾

知名小熊餅乾泰國芒果和鳳梨口味，獨家包裝上頭畫著嘟嘟車、泰國寺廟和大象，展現泰國風格。六角形紙盒內有9小包餅乾，送給同事和親友都非常適合。฿100

FITNE 健美草本茶

泰國老牌健美草本茶「FITNE 健美草本茶」，是空姐必買伴手禮，適合大餐、油膩、甜食之後飲用，有3種口味可以選擇，20包拉鍊包裝。฿98

THONG AMPAI 榴槤乾

泰國必吃的水果之王榴槤。「THONG AMPAI」特選泰國金枕頭榴槤，使用冷凍乾燥製法做成香脆的榴槤脆片，如果不敢吃榴槤，就從這裡開始嘗試吧！฿345

THONG AMPAI 芒果乾

美味的泰國芒果乾，是到泰國必買的伴手禮。「THONG AMPAI」芒果乾精選不同季節最美味的泰國當地芒果製成，降低甜度，適合亞洲遊客口味。฿159

以下這些商品在曼谷各大超市、便利商店都能買到。想念泰國的時候，就來做道泰國料理，喝喝泰式奶茶和酸辣蝦湯，回味在泰國旅遊的美麗時光。

DOI KHAM
酸辣蝦湯料理包

泰國皇家計畫農業品牌「DOI KHAM」在皇家基金會的監督下，選用泰國當地種植的植物、香草製作而成，只要加入水、蝦子、蘑菇和番茄，就是道地的泰國酸辣蝦湯。฿35

MAE PLOY
綠咖哩醬

包裝熟悉的「MAE PLOY綠咖哩醬」，價格超便宜，還有紅咖哩醬、黃咖哩醬，只要加入雞肉、豬肉、牛肉或海鮮與椰奶一起燉煮，立馬是道美味又下飯的泰式咖哩。฿20

NESTEA
雀巢泰式奶茶

最方便享用泰式奶茶的方法，袋裝中有13包。打開「NESTEA雀巢泰式奶茶」即溶包，加入熱水和冰塊，就是一杯道地的泰式奶茶。฿117

美極鮮味露

泰國最常見的調味品之一「Maggie Dipping Sauce」，不同於傳統醬油，只要幾滴就能帶出食物美味，在餐廳常見到，泰國特有100毫升小包裝便於攜帶與送人。฿20

泰國乾檸檬葉

在烹飪泰國料理時，必備的泰式香料之一「Kaffir Lime Leaves」，還有辣椒、南薑、香茅等，可一次買齊。฿55

DOI KHAM
玫瑰花瓣果醬

選用來自清邁的玫瑰花，果醬內吃得到一片一片的玫瑰花瓣，層次感十足，讓泰國皇家計畫「DOI KHAM」品牌的玫瑰花瓣果醬更加特別。฿75

DOI KHAM
百分百蜂蜜

來自泰國皇家計畫「DOI KHAM」蜂蜜農場出產的蜂蜜，是百分百優質純蜂蜜，從龍眼花粉中以自然方式生產的蜂蜜，充滿甜美風味！฿75

在泰國有些特別、其他國家少見的日常用品，使用天然原料製成、小容量的隨身包裝商品，帶回家之後，都能在日常生活中帶來小確幸。

Takabb
五蜈蚣標止咳丸

包裝設計讓人非常難忘的「Takabb」五蜈蚣標止咳丸，成分並沒有蜈蚣，選用多種中藥，運用泰國古法精製而成，無論是吸菸咳嗽、喉嚨癢都非常有幫助。฿40

ZAM BUK
草藥膏

綠色包裝深植人心的「ZAM BUK」綠色草藥膏，是泰國人的居家必備良藥，被蚊蟲咬、提神醒腦，都靠這罐，大小容量都有。฿30

Snake Brand
蛇牌沐浴乳

世界上第一家生產清涼爽身粉的品牌「Snake Brand」蛇牌，百年以來蛇牌生產的爽身粉、沐浴乳、肥皂至今依舊熱銷。蛇牌清涼沐浴乳，非常適合在炎熱的天氣使用。฿179

Kirei Kirei
泡泡洗手乳

後疫情時代，洗手變得非常重要！日本LION知名泡泡洗手乳品牌「Kirei Kirei」，泰國生產的版本是日本的1/3以下價格，還有薰衣草、櫻花香味可選擇，無論是洗手乳或是補充包都很便宜。฿35

NIVEA MEN
男士洗面乳

全世界最便宜的「NIVEA」產品就在泰國。專為男士推出的洗面乳有許多訴求，減緩皺紋、阻擋空汙、清潔等等，加入Q10維他命的成分也很受到歡迎。฿99

Kirei Kirei
酒精乾洗手

日本獅王LION旗下品牌「Kirei Kirei」酒精乾洗手，泰國生產的版本是日本的半價以下！可以99%除菌，小包裝便於攜帶。฿65

Peppermint Field
薄荷棒

幾乎每個泰國藥廠品牌都有推出鼻通薄荷棒，味道各有特色，像是添加精油、泰式草藥、薄荷或男士專屬黑色包裝，非常適合在炎熱的泰國使用。฿29

Peppermint Field
提神香膏

深受泰國年輕人喜愛的品牌「Peppermint Field」香味系列商品，比其他提神產品多了天然精油香味，香味更加溫和舒服，適合塗在頸部與額頭。฿45

曼 谷 輕 奢 小 旅 行

最新景點情報＋主題魅力玩樂食購＋
捷運沿線遊玩攻略，愜意慢旅泰好玩

2023 年 9 月 15 日初版第一刷發行

作　　者	泰國達人 尼克
編　　輯	王靖婷
美術編輯	黃郁琇
發 行 人	若森稔雄
發 行 所	台灣東販股份有限公司
	＜網址＞www.tohan.com.tw
法律顧問	蕭雄淋律師
香港發行	萬里機構出版有限公司
	＜地址＞香港北角英皇道499號
	北角工業大廈20樓
	＜電話＞(852) 2564-7511
	＜傳真＞(852) 2565-5539
	＜電郵＞info@wanlibk.com
	＜網址＞http://www.wanlibk.com
	http://www.facebook.com/wanlibk
香港經銷	香港聯合書刊物流有限公司
	＜地址＞香港荃灣德士古道220-248號
	荃灣工業中心16樓
	＜電話＞(852) 2150-2100
	＜傳真＞(852) 2407-3062
	＜電郵＞info@suplogistics.com.hk
	＜網址＞http://www.suplogistics.com.hk

ISBN 978-962-14-7502-2

TOHAN